청소년 사역 전문가 윤정한과 함께하는

B iblical 성경적이고

I nteresting 재미있고

G racious 은혜가 있는

캠프수련회

윤정한 지음

BIG 캠프 수련회

책을 내면서

계절의 여왕이라고 불리는 오월을 맞으니 초록색이 많은 공간을 채우고 있습니다. 그 깨끗함과 싱싱함 때문에 마음마저 즐거워집니다.

조금 있으면 우리 청소년들이 여름방학을 맞고, 각 교회에서는 청소년들의 성경학교와 캠프로 분주하게 될 것입니다. 머년 해왔던 일이지만, 담당 교역자들의 고민과 부담은 이루 말할 수 없습니다. 어떻게 요리를 해서 어린 청소년들에게 하나님의 말씀을 먹일까 생각하는 우리 전도사님들의 걱정을 아마 하나님께서는 헤아리고 계실 것입니다.

여기에 모은 프로그램은 그동안 교사 강습회를 통하여 강의하였던 자료들이며, 실제 교회의 청소년들에게 적용했던 프로그램들입니다. 부족하지만 바울 사도의 말씀처럼 자족하는 생활을 하는 것이 최선이며, 또한 고쳐서 새롭게 하라는 고당 선생님의 지혜를 가진다면, 이번 청소년 캠프도 주님의 은혜 가운데 생명의 열매, 성숙의 열매를 거두리라 믿습니다.

성경적이고 재미있고 은혜가 넘치는 캠프 수련회를 원하는 모든 분과 만나기 원합니다.

Power-Up!!! Camp-Ok!!!

5월 하늘 아래서 저자 드림

차 례

· 1 장 ·

캠프를 준비하며

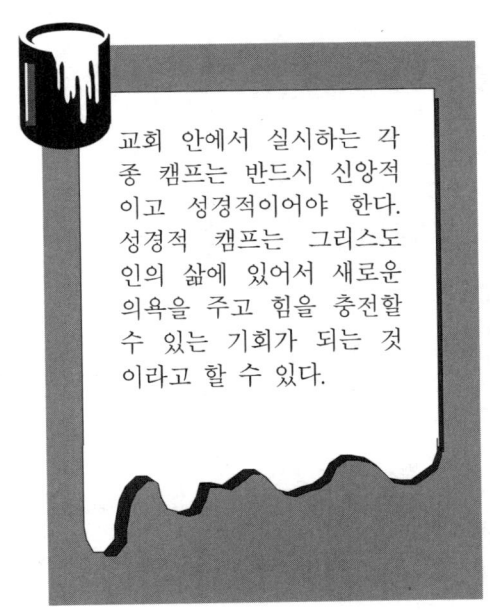

교회 안에서 실시하는 각
종 캠프는 반드시 신앙적
이고 성경적이어야 한다.
성경적 캠프는 그리스도
인의 삶에 있어서 새로운
의욕을 주고 힘을 충전할
수 있는 기회가 되는 것
이라고 할 수 있다.

캠프를 준비하며

1. 캠프의 의미

사회는 변화의 속도도 빨라지고, 점점 다양화되고 있다. 인간의 삶도 사회의 변화에 따라서 그 양상을 달리하고 있다. 이와 함께 교회에도 사회 변화의 영향이 미치게 되고, 다양한 프로그램이 요구되고 있다.

특히 학생들의 방학기간을 이용한 각종 캠프가 최근 들어 늘고 있으며, 종래에 행해지던 수양회나 수련회의 개념이 캠프와 동일시되어 사용되면서 캠프의 필요성과 중요성이 부각되고 있다. 수양회 또는 수련회가 교회에서 실시하는 전형적인 휴가학교와 같은 이미지를 주는 반면, 캠프는 아주 다양한 의미를 갖게 한다. 어쩌면 캠프란 용어를 교회에서 사용하는 것조차 세속적인 것이라 할 수도 있을 것이다.

그래서 교회에서 실시하는 캠프의 명칭에 대하여 신중하게 검토하는 이도 있다. 즉 교회캠프냐, 성경캠프냐, 또는 신앙캠프냐하는 명칭에 대하여 고심하기도 하는 것이다. 그러나 그것이 교회에서 실시하는 것이고, 그 목적이 신앙의 성숙을 도모하는 것이며, 내용이 성경적이라면, 교회에서 실시하는 캠프의 명칭은 문제가 되지 않을 것이다. 문제는 교회에서 실시하는 캠프가 신앙적이지 못하고 성경적이지 못한 데 있을 것이다.

따라서 교회에서 실시하는 각종 캠프는 반드시 신앙적이고 성경적인 것이어야만 할 것이다. 성경적인 캠프는 그리스도인의 삶에 있어서 새로운 의욕과 힘을 충전할 수 있는 기회로 삼을 수 있고, 또한 캠프를 통하여 일상 생활에서 얻지 못했던 신앙적 체험을 할 수 있는 기회가 된다.

2. 캠프의 역사

캠프라는 용어는 라틴어의 '캠푸스'와 희랍어의 '케포스'에서 유래한다고 하는데, 캠푸스는 전쟁에서 군대가 이동하며 야영하는 들판을 의미하며, 케포스는 정원(庭園)을 의미한다. 영어사전에서 Camp가 명사로 사용될 때는 군대의 야영지, 여행자들이 들판에서 지낼 수 있는 임시 숙소를 의미한다.

오랜 옛날 원시인들은 집이나 인공적인 거처가 마련되지 못했기 때문에 살기에 편리하고 안전한 곳을 찾아서 그들의 생활거점으로 삼았다. 차츰 지혜와 기술이 발달하면서 그들은 인위적인 처소를 마련할 수 있게 되었을 것이다.

자연적인 요소에서 인위적인 처소로의 이동단계에서 캠프는 하나의 삶의 형태였을 것이다. 특히 오늘날과 같이 산업사회화 되지 못하고 건축공업이 발달하지 못하고, 주로 농경과 목축으로 삶을 영위할 수밖에 없었기에 물과 초장을 찾아서 이동하는 생활을 하였을 것이다. 다시 말해 일정한 장소에 집을 짓고 사는 것이 중요한 것이 아니라, 생활을 영위하기 위하여 이동생활을 할 수밖에 없었을 것이다.

성경에도 이스라엘 백성들이 지킨 초막절 행사를 보면, 그들이 광야에서 캠프생활을 하였음을 알 수 있다. 구약성경에서의 캠프는 하나님이 함께 거하시는 처소로서의 캠프였다. 하나님의 말씀대로 움직이고, 하나님의 말씀이 선포되고, 하나님께 제사를 드리는 곳이 곧 캠프였다. 그들이 가나안 땅에 정주하기까지 캠프생활을 하였던 것이다. 어쩌면 우리 인생은 모두 하나님의 나라에 들어가기까지는 캠프생활이라고 볼 수 있을 것이다. 하나님은 캠프생활을 통하여 그의 백성들을 훈련시키시고 질서있는 생활을 갖도록 하신 것이다.

1620년 뉴잉글랜드에 상륙한 102명의 청교도들도 또한 야영생활을 할 수밖에 없었다. 새로운 개척지를 찾은 그들에게는 새로운 환경과 풍토에 적응하기 위하여 그들의 보금자리를 이동하면서 살게 되었던 것이다. 이때 가장 중요한 것은 텐트와 텐트 생활에 익숙해지는 훈련이었다.

이와 같은 캠프가 교육적인 목적에 도입된 것은 근대의 일이다. 1885년 미국의 Duly라는 사람이 Y.M.C.A에서 청소년 교육을 목적으로 캠프를 실시한 것을 비롯하여, 1896년 독일의 Fisher가 고등학교 학생으로서 그의 친구들과 함께 자연 속에서 여행을 하면서 건전한 체력과 건전한 정신적 삶을 위한 이동캠프를 가졌다. 그리고 1907년 영국의 Baden Powell경이 20여 명의 청소년과 함께 시험적인 야영을 시도함으로, 청소년들의 정신적 건강과 인격형성에 큰 활력소가 되는 것으로 스카우트 운동의 기원을 이루게 된 것이다.

현대 캠프의 기원이 된 것은 독일의 루르 지방에서 시작된 Herrberg운동이다. 초등학교 교사인 Richard Sirman이 학생들로

하여금 자연 속에서 자연과 만남으로 교과서에서 배우지 못하는 산 경험과 함께 참다운 미래의 건전한 일꾼을 양육하는 데 이바지 할 수 있다는 것이 확인되면서, 전 미국에 확대되었다. 1948년 미국 교육관계 합동회의에서 공립학교는 야영을 교과 과정의 하나로 채택하였으며, 미시간 주에서는 청소년 야영교육의 연구계획을 세워 다른 주나 야영 지도자들에게 자료를 제공하도록 하는 결의를 하게 된 것이다.

3. 캠프의 목적

캠프는 캠프의 역사가 말하듯이 옥외의 대자연 속에서 생활하면서 자율과 협동생활의 도리를 배우며 참된 삶의 맛을 보는 것이다.

현대 사회는 경제적 수준은 매우 성장하였지만 도시의 인구급증과 생활공간의 축소화, 교통의 발달로 인해 활동거리의 단축화를 가져왔다. 이것은 사람들로 하여금 기계적이고 단조로운 삶을 느끼게 한다. 특히 청소년들은 입시 위주의 학교 교육으로 말미암아 부모와 함께하는 시간이 턱없이 부족하다. 그래서 각종 고민거리들과 문제점들을 해결하지 못하고 그대로 안고 소외와 불신, 그리고 갈등의 거리를 헤매게 된다.

이제 모든 사람들은 신선한 공기와 맑은 물, 그리고 참된 휴식을 갈구하고 있으며, 삶의 의미를 추구하고 있다. 따라서 캠프는 일상생활에서 겪는 여러 가지 스트레스들로부터 해방시켜 주며, 삶에 대하여 새로운 감각을 가지게 할 수 있다.

캠프의 구체적인 목적을 요약하면 다음과 같다.

1) 공동체적 삶을 형성한다.

캠프는 일정한 기간 동안, 일정한 장소에서 일정한 구성원들의 공동체적인 삶이 이루어지기 때문에 개인의 사적인 행동이나 개별행동은 허용되지 않는다. 여러 사람이 한 곳에서 생활하게 되면 자연히 불편한 점도 있을 것이고, 서로의 삶의 방식이 다른 이유에서 오는 불편함도 있기 마련이다. 캠프는 이러한 문제들을 오히려 극복하고 서로 이해하며 하나가 되는 삶을 얻기 위해 필요한 것이다.

또한 개별적인 행동은 공동체의 생명을 해치는 문제를 발생시키기도 한다. 개인의 행동으로 말미암아 일어나는 문제는 그 한 사람의 문제가 아니라 캠프 전체의 문제가 되기 때문에, 모처럼의 캠프 분위기를 망쳐놓을 수도 있다. 개인의 안전과 캠프의 질서를 위해서도 공동체적인 삶의 태도를 가지는 것이 요구되는 것이다.

2) 교육훈련의 효과를 가져온다.

캠프가 갖는 의를 생각해 볼 때에 교육과 훈련의 의를 소홀히 할 수 없다. 각 개인이 가정에서 생활하던 태도와 규칙이 캠프에서는 무시되고, 캠프 프로그램에 의해서 생활이 전개되기 때문에 캠프에 임하는 구성원들은 교육과 훈련의 자세가 필요한 것이다. 캠프는 구성원과의 관계를 넓히는 계기가 되며, 캠프 구성원 상호간의 교류를 통하여 일찍이 경험하지 못했던 새로운 느낌과 체험을 얻으며, 인간관계의 도덕과 윤리, 그리고 질서와 함께 더불어 사는 방법을 배울 수 있다.

3) 건강을 증진시킨다.

복잡하고 시끄러운 도심지에서 벗어나 자연 속에서의 생활은 맑은 공기와 밝은 햇빛, 적당한 휴양, 즐거운 식사, 규율있는 생활을 하므로 건강을 증진시키는 계기가 된다.

4) 자신에 대한 새로운 면을 발견하게 한다.

인간은 항상 새로운 것을 좋아하며, 새로운 것에 흥미를 가진다. 이것은 기본적인 인간의 욕구라고 할 수 있다. 특히 중고등학생들의 시기에는 자연에 대한 호기심과 모험심으로 가득 차 있기 때문에 자연생활 속에서 지혜를 얻고, 친구들과 운동, 수영, 작업 등 단체생활을 통해서 새로운 것을 익히고, 그에 따른 의미와 보람을 느낄 수 있다.

5) 새로운 삶의 자세를 갖게 한다.

캠프생활을 통해서 가정이나 학교, 사회에서 강요되어 오는 소외감, 열등감, 위축감 등으로부터 벗어나 명랑하고 희망찬 생활을 함으로써 새로운 삶을 맛볼 수 있다.

6) 영적인 성장을 가져온다.

하나님이 창조하신 대자연 속에서 참으로 하나님의 창조의 아름다움과 오묘하신 뜻을 발견할 수 있는 기회가 되며, 감사와 찬송을 할 수 있는 기회를 얻게 한다. 따라서 자연을 사랑하고 아끼며, 하나님의 섭리와 보호하심을 깨달아 더욱 하나님께 가까이 나아가는 믿음을 성장시켜 주는 기회가 된다.

참고로 미국 캠핑협회(American Camping Association)가 설

정한 캠프의 목적을 소개하면 다음과 같다.

① 창조적 사고를 표현할 수 있는 기회를 가진다.
② 지도력 발휘의 경험을 준다.
③ 훌륭한 스포츠맨십을 발휘할 기회를 준다.
④ 자신의 신뢰도 측정의 기회를 준다.
⑤ 그룹생활을 통하여 절제심, 규율엄수, 준법정신, 책임감, 팀워크(teamwork)를 기를 수 있다.
⑥ 야영하는 공동체로서 자립심, 협동심, 인내력, 자치력을 기를 수 있다.
⑦ 민주적 생활을 기를 수 있다.
⑧ 취미나 특기 등을 발전시킬 수 있다.
⑨ 건강유지에 특별한 관심을 가지고 살필 수 있다.
⑩ 탐험과 자연정복에서 얻는 희열을 만끽할 수 있다.
⑪ 자연보호의 마음을 기를 수 있다.

그러므로 캠프는 새 삶의 인격을 형성시켜 건전한 사회와 건전한 미래를 기대할 수 있게 하는 내일의 젊은이들에게 꿈과 희망을 심어주는 계기가 된다.

4. 캠프의 종류

1) 목적상의 분류

캠프의 목적에 따라서 캠프를 분류할 수 있는데, 주로 신앙교육 캠프, 생활적응 캠프, 레크리에이션 캠프로 나누어 생각할 수 있다.

신앙교육 캠프의 주된 목적은 신앙생활과 교육적인 효과를 얻는데 있다. 따라서 신앙적인 내용과 교육적인 내용으로 구성되는데, 특히 음악, 미술, 연극, 글짓기 등의 특별한 과목을 중심으로 이루어지기도 한다. 교회의 캠프가 신앙교육적 캠프로 진행될 때에는 주로 성경공부와 경건생활 중심의 형태가 될 것이다.

생활적응 캠프는 평소에 체험하지 못했던 극한 상황을 체험해 봄으로써 담대함과 체력단련을 할 수 있는 기회가 된다. 프로그램은 주로 탐구심을 유발하거나 극기훈련으로 구성될 수 있다. 매우 규칙적이고 엄격한 지도로서 진행되며, 협동심과 자립심을 길러줄 수 있는 내용으로 구성된다.

그리고 레크리에이션 캠프는 자연 속에서 휴식을 취할 수 있도록 배려되는 캠프이다. 평소에 반복적인 일상생활을 떠나서 자연과 함께 심신의 피로를 풀고 재충전할 수 있는 기회를 얻을 수 있다. 프로그램의 구성에 있어서도 지적이거나 훈련의 요소보다는 함께 즐겁게 놀고, 보고, 참여함으로써 여가를 즐기는 형태의 캠프이다.

2) 조직형태별 분류

캠프를 조직형태별로 구분한다면, 공식적 캠프와 비공식적 캠프로 구분할 수 있다. 공식적 캠프란 특별한 목적을 가지고 조직화된 그룹의 구성원들로 이루어지며, 목적 달성을 위한 프로그램이 진행되는 캠프의 형태이다. 그러나 비공식적 캠프는 소수의 구성원들에 의해 공식적 조직과는 관계없이 임의의 목적으로 이루어지는 형태의 캠프를 의미한다.

공식적 캠프는 조직의 체계상 통제를 중심으로 중앙통제형, 분산형, 절충형 캠프로 나누어 생각할 수 있다. 중앙통제형 캠프는 모든 통솔의 권한이 지도자 중심으로 이루어지며, 엄격한 관리와 통제로 개인적인 활동이 극히 제한되는 형태의 캠프이다. 캠프의 목적을 달성하는 데는 가장 효과적이나, 개인적 경험을 얻기에는 부적합한 형태로 볼 수 있다. 지도자의 지도력이 가장 중요하며, 완벽한 프로그램의 진행이 이루어지지 않으면 그 효과는 저하된다.

분산형 캠프는 조별활동을 중심으로 이루어지는 캠프의 형태이다. 프로그램의 선택과 진행이 조별로 진행되므로 다양한 경험을 할 수 있으며, 가족적인 분위기에서 서로 친숙해질 수 있는 형태이다. 그러나 각 조를 끌어나가는 조장이나 지도자가 조의 수만큼이나 필요하며, 소기의 목적을 달성하기 위해서는 유능한 지도자 교육이 요구된다.

그리고 절충형 캠프는 위의 두 유형의 절충적인 방식을 택하는 것을 말하며, 교회의 캠프가 주로 이러한 형태로 이루어지고 있다.

3) 기간에 따른 분류

캠프의 기간에 따라서 일일 캠프, 2박 3일 캠프, 3박 4일 캠프 등과 같이 단기 캠프와 기간이 비교적 긴 장기캠프로 구분할 수 있다. 또한 시기에 따라서 하기캠프와 동기캠프, 주말캠프 등으로 구분할 수 있다.

4) 기타의 분류

캠프의 대상자에 따라서 유아캠프, 청소년캠프, 장년캠프, 장애자캠프, 어린이캠프, 가족캠프 등으로 구분할 수 있다.

5. 캠프의 계획

캠프를 계획할 때 '매년 하는 것이니까 하는 것'이라는 생각이나, '다른 교회들이 하니까 하는 것'이라는 생각을 버려야 한다. 캠프는 우리 교회와 학생들에게 필요한 것이기에, 나아가서 주님께서 우리들에게 바라고 계시기에 실시하는 것이다.

1) 캠프 준비위원회의 구성과 역할

캠프를 성공적으로 이루기 위해서는 사전의 철저한 준비가 필요하다. 그러기 위해서는 캠프 준비위원회를 구성하여 준비를 하도록 하는 것이 바람직하다.

준비위원회는 교회의 각 기관 대표들과 캠프 진행을 실제로 담당하는 사람으로 구성한다. 특히 캠프 지도자는 캠프에 대한 전문적인 지식과 경험이 풍부한 사람으로 하되, 교회 내에서 없으면 외부 강사를 초빙하는 것도 좋을 것이다. 외부 강사를 초빙하려면 캠프 준비위원회의 구성과 함께 교섭하여야 하며, 준비회의에도 참석하여 도움을 받아야 원만한 캠프효과를 기대할 수 있을 것이다.

준비위원회에서는 다음과 같은 사항을 처리한다.
① 캠프의 목적과 주제의 선정
② 기간과 장소의 선정
③ 강사의 교섭과 홍보

④ 프로그램의 결정

⑤ 예산의 편성과 평가

2) 캠프 일정의 계획

캠프의 준비 일정은 연중 사업계획에 이미 계획되어 있는 것이지만, 준비위원회의 발족과 함께 세부 실천의 일정이 계획되어야 한다. 대개 캠프계획의 일정은 준비일정과 진행일정으로 나누어 생각할 수 있다. 준비일정은 캠프를 준비하는 과정의 일정을 말하며, 진행일정은 캠프준비를 마친 후에 실제 진행의 순서를 말한다.

(1) 준비 일정의 계획

캠프의 준비일정은 캠프를 진행하기 위하여 사전 준비하는 계획을 말한다. 다음은 캠프 준비일정을 나타낸 도표이다.

준비위원회 구성 → 캠프일정과 주제선정 → 캠프장소 현장답사

→ 프로그램의 계획 → 홍보 및 가이드북 제작 → 캠프 실시

① 월별 일정 계획

3월 - 준비위원회 구성, 캠프일정 계획, 주제와 목적결정, 장소 선정

4월 - 캠프 프로그램의 결정, 장소 현장답사, 강사교섭, 예산 편성

5월 - 홍보계획, 캠프조직, 예산확정

6월 - 캠프 지도자 교육, 준비물 확보, 홍보 및 접수

7월 – 예비훈련, 가이드북 제작, 수송계획, 장소확인, 조편성, 준비물 점검

② 2개월 전(8주 전)부터의 세부 준비사항

8주 전 – 준비위원회를 구성한다.
- 각 부서를 조직하고 부서별로 준비계획을 한다.

7주 전 – 일정, 예산, 교사모집 및 편성, 장소선택 등에 관한 사항 을 결정한다.
- 정기 기도회를 시작한다.

6주 전 – 프로그램을 완성한다.
- 프로그램에 따른 담당자와 진행 세부계획을 작성한다.
- 프로그램에 따른 세부 예산을 편성한다.
- 특별프로그램 강사를 교섭한다.

5주 전 – 교사 강습회에 참가하고, 자체 전달강습회를 계획한다.
- 계획한 프로그램에 대한 수정을 한다.
- 기념품, 시상품 등을 예약한다.

4주 전 – 각 담임 교사는 교육 준비를 한다(부교재, 교육자료 등).
- 홍보계획을 한다(포스터, 전단지, 초청장, 현수막 제작).

3주 전 – 자체 강습회를 실시한다.
- 성경학교 가이드 북을 제작한다.
- 학생용 교재와 노래괘도를 제작한다.
- 1차 홍보활동을 한다(초청장, 전단지, 포스터, 현

수막 배포 및 부착).

　　　　　　　- 개교에 필요한 모든 준비물을 점검한다.

2주 전 - 개교를 위하여 총정리와 점검을 실시한다.

　　　　　　　- 등록을 받는다.

　　　　　　　- 2차 홍보를 실시한다.

　　　　　　　- 명찰과 출석부, 기타 필요한 물품을 확인한다.

1주 전 - 전체 회의를 가지고 진행에 관하여 확인한다(담
　　　　　　임, 특별 프로그램, 생활지도, 안내, 서무 및 회
　　　　　　계, 기타 부서별로 점검).

캠 프 - 진행에 대하여 철저히 관리하고 평가한다.

　　　　　　　- 학생들의 관리에 특별히 관심을 둔다.

　　　　　　　- 매일 기도회를 가지고 평가를 한다.

　　　　　　　- 모든 사항은 보고서를 작성하고 기록으로 남기도
　　　　　　록 한다.

(2) 진행 일정의 계획

캠프의 진행일정이란 교회를 출발해서 캠프를 마치고 캠프장을 떠나서 다시 교회에 도착하기까지의 순서를 말한다. 캠프의 일정은 대개 다음과 같다

① 교회에 모임

　　- 조별로 인원과 장비 및 준비물에 대하여 점검한다.

　　- 전체의 준비물을 확인한다.

　　- 수송차량의 안전에 대해 사전 점검한다.

　　- 출발에 앞서 캠프의 의의와 목적을 다시금 일러준다.

　　- 조별로 안전에 대하여 각별히 신경을 써줄 것을 당부한다.

② 캠프지로 출발
- 지도자는 출발에 앞서서 하나님께 기도를 드린다.
- 차례대로 승차시킨 후에 출발시킨다.
③ 캠프에 도착
- 인원점검을 한 후에 가족별로 캠프를 설치한다.
- 도착 예배를 드린다.
- 캠프에 대한 설명을 한다.
④ 프로그램 진행
- 일정표에 의하여 프로그램을 진행한다.
⑤ 캠프 철수
- 일정이 끝나면 조별로 캠프를 철수한다.
- 조별로 물품을 정리하고 확인한다.
- 캠프지 주변을 깨끗이 청소한다.
⑥ 캠프지 출발
- 수송차량을 점검한다.
- 인원과 장비를 파악하고 승차시킨다.
⑦ 교회에 도착
- 간단하게 예배나 기도회를 가진다.
- 조별로 집으로 돌아간다.
⑧ 평가회의
- 평가회의는 다음 주일 오후에 캠프에 참여했던 회원들이 모두 모여 캠프에 대하여 정리하는 시간을 갖도록 한다.

3) 일반적인 계획

(1) 캠프기간의 선정

캠프의 기간은 캠프의 목적이나 유형에 따라서 각각 다르게 정할 수도 있다. 대개의 경우 교회에서는 학생들의 여름방학 기간을 이용하여 실시한다. 그리고 기간도 2박 3일 또는 3박 4일이 가장 적절하다고 볼 수 있다. 부득이한 경우에는 1박 2일의 캠프도 실시할 수 있다. 너무 기간이 길면 프로그램 진행상 지루한 감을 줄 수도 있고, 너무 짧으면 프로그램의 효과를 가져올 수 없다.

(2) 장소의 선정

캠프의 장소는 캠프의 성공적인 수행에 커다란 영향을 미친다. 캠프의 장소는 대개 다음과 같은 사항을 고려하여서 선정하는 것이 좋다.

① 캠프의 목적을 달성하는 데 적합한 곳

장소가 아무리 자연경관이 뛰어나고 좋은 곳이라 하더라도 캠프의 목적을 달성하기에 적합하지 않은 곳이라면 좋은 장소라 할 수 없다. 캠프의 목적과 프로그램을 진행하기에 적당한 시설과 환경을 갖춘 곳이어야 캠프의 장소로서 적합하다.

② 교통이 편리한 곳

교통수단을 이용하여 캠프의 장소에 도착하는 데 시간이 너무 소요되는 장소는 고려해 보아야 한다. 짧은 기간의 캠프에 왕복 이동시간에 많은 시간을 소비하는 것은 비생산적인 것이다. 그리고 차에서 내려서 걸어서 들어가는 곳이 있다면, 걷기에 적당한 거리여야 할 것이다. 특히 어린 학생들의 경우에 너무 걷는 거리가 멀면 캠프를 시작하기도 전에 지치게 되고, 그 영향으로 캠프의 진행에 지장을 초래하게 된다. 또한 응급환자가 발생하였을 경우 수송에도 어려움이 따르게 되므로 교통이 편리한 곳을 선택하는 것이 여러모로 유익할 것이다.

③ 위치가 좋은 곳

자연경관도 좋아야 하지만 자연재해를 대비하여 위험한 곳은 피하여야 한다. 특히 강가나 산 벼랑 밑에 텐트를 칠 경우에는 홍수가 날 때의 수위를 생각하여야 하며, 산사태에도 미리 대비할 수 있어야 할 것이다. 외딴 섬에서 캠프를 할 때에도 홍수를 대비하여 언제나 인근 경찰관서에 연락될 수 있도록 통신수단을 예비하여야 한다.

④ 물이나 땔감을 쉽게 구할 수 있는 곳

식수가 귀한 곳은 캠프의 장소로 적당치 못하다. 또한 식수는 사람의 생명과 직접적인 영향이 있으므로 물 사정이 좋은 곳을 선택하는 것이 매우 중요하다. 여름에 캠프를 하게 되면 땀이 많이 나므로 목욕을 자유롭게 할 수 있는 것도 장소선정에 있어서 고려해야 한다. 특히 텐트를 치고 야영을 하여 취사용 땔감을 나무로 하는 경우에는 땔감을 구할 수 있는 곳이어야 한다. 특히 캠프 파이어를 할 경우에는 파이어용 나무를 현지에서 구할 수 있는 곳이 좋다.

⑤ 부식 조달이 편리한 곳

부식은 미리 구입하여 갈 수도 있지만, 여름에는 상하기 쉽기 때문에 현지에서 구할 수 있으면 더욱 좋다. 채소나 과일 등은 부피도 크고 무겁기 때문에 현지에서 싱싱한 것을 구입할 수 있으면 좋다. 이러한 것은 사전에 현장답사를 통하여서 알아두는 것이 좋다.

⑥ 기타

위에서 지적한 것 이외에도 기존의 시설물이 이용 가능한 것의 여부를 알아보는 것도 좋으며, 교회나 학교건물을 이용하는 경우에는 이용 가능한 시설물도 알아두는 것이 좋다.

다음의 표는 캠프의 장소를 선정할 때 고려해 볼 수 있는 사항들이다.

구분	나쁜 곳	보통인 곳	좋은 곳
위치	시가지나 마을이 가까운 곳	교외 주택지나 농지	경작하다가 그대로 둔 농지나 산림
배수	습한 땅이나 물이 들 염려가 있는 곳	물이 잘 안 빠지는 곳이나 두 방향으로만 물이 빠질 수 있는 곳	세 방향 이상 어디든지 물이 빠질 수 있는 곳
토질	더러운 흙이나 진흙	바위와 굵은 자갈밭	자갈 위에 모래나 마른 흙이 있는 곳
땅의 표면	벌거숭이 땅이나 잡초가 무성한 곳	나무 등이나 뿌리가 남아 있는 곳	편편하고 깨끗한 잔디밭
수목	나무가 없는 곳	어린 나무들이 있는 곳	20년 이상의 나무들이 있는 곳
지형	급경사지	5-12% 정도의 경사지	고르고 약간 경사진 곳
음료수	멀리서 물을 운반해야 하는 곳	비교적 가까운 곳에 물이 있는 곳	가까운 데 깨끗한 물이 있는 곳
수영장	물이 깊고 물결이 세거나 잔잔한 곳	한길 이내의 안전한 깊이의 흐름이 완만한 곳	안전한 깊이의 완만한 경사와 흐름이 있고 깨끗한 모래밭이 있는 곳
방해물	모기나 뱀, 독충이 많은 곳	독있는 식물이나 파리가 많은 곳	독충이나 방해물이 없는 곳
운반 교통	3시간 이상, 차가 다니지 않는 곳	2시간 이내의 걷는 거리가 있는 곳	2시간 이내의 이동이 편리한 곳

(3) 참가비의 결정

캠프의 참가비는 캠프의 기간, 장소, 교통편, 숙식의 문제가 결정된 다음에 책정하여야 한다. 참가비를 결정할 때에는 ①숙식비 ②교통비 ③시설비 ④교육경비 ⑤기본 참가비 ⑥기타 등 구체적으로 정하여야 한다.

(4) 현장답사

캠프의 성패는 철저한 사전 준비이다. 특히 장소에 대해서는 특별히 신중을 기하여야 한다. 다음은 장소의 현장답사에 대한 계획이다.

① 1차 답사 - 1차 답사는 캠프 5개월 전에 준비위원들로 구성하여, 교통편, 거리 및 시간, 야영장소의 규모, 주변환경, 강물의 깊이와 안전관계, 현지 주민들의 동정과 현지상황에 관한 정보를 알아본다.

② 2차 답사 - 캠프 3개월 전에 캠프 지도자를 중심으로 답사하며, 1차 답사 때의 내용을 확인하고, 프로그램 실시의 적합성 여부와 장소의 사용 계약 등에 관하여 확정한다.

③ 3차 답사 - 캠프 1개월 전에 실시하며, 캠프실시의 사전 점검을 한다. 사용계약관계를 확인하고, 장소의 환경변화를 살펴본다. 또한 앞에서 장소 선정할 때에 고려해야 할 사항들에 대한 최종적인 확인을 하는 것이 중요하다.

4) 프로그램의 계획

(1) 프로그램 작성의 원칙

① 대상 적합성 - 참가자들의 흥미와 연령과 지적수준에 적합한 것이어야 한다.

② 장소 적합성 - 프로그램을 실시하기에 적합한 장소와 환경이 제공되어야 하며, 장소에 적합한 프로그램을 계획하여야 한다.

③ 주제 적합성 - 모든 프로그램은 캠프의 주제와 목적을 달성할 수 있도록 계획되어야 한다.

④ 시기 적합성 - 프로그램을 실시하는 시기가 프로그램의 종류와 적당한 것이어야 한다. 예를 들어 겨울에 물놀이를 할 수 없으며, 여름에 눈사람을 만드는 작업을 할 수 없는 것과 같다.

⑤ 자원 적합성 - 프로그램의 실시에 필요한 자료나 자원들이 적합하여야 한다. 아무리 훌륭한 프로그램이라 할지라도 자료나 재료가 없으면 할 수 없는 것이다.

⑥ 융통성 - 여름철에는 비가 예고도 없이 올 경우가 많다. 야외에서 하여야 하는 프로그램을 실시하는 시간에 비가 올 경우 다른 예비 프로그램이 없으면 그 시간을 무료하게 보내야 할 것이다. 이러한 경우에는 프로그램의 진행에 융통성을 가질 수 있도록 계획되어야 한다. 또한 계획된 프로그램을 그대로 무리하게 진행하면 오히려 역효과가 일어나는 경우도 있으므로 진행상 융통성을 갖도록 계획하는 것이 좋다.

⑦ 다양성 - 프로그램의 성격이 같은 것으로만 몇 일간 계속

진행한다면 쉽게 싫증을 느끼게 될 것이다. 같은 프로그램
이라도 방법이 각각 다르게 진행되도록 하며, 프로그램의
종류도 다양하게 하여 흥미를 가지고 참여할 수 있도록 하
여야 한다.

⑧ 연속성 - 모든 프로그램은 하나의 주제와 목적을 향하여
구성되어야 한다. 각 프로그램이 성질이 다르고 내용이 다
르다고 할지라도 캠프의 목적을 향하여 연속적으로 이루어
지도록 구성해야 한다.

⑨ 종합성 - 모든 프로그램은 하나의 주제와 목적을 이루도록
구성하여야 한다. 다양한 프로그램을 실시한다 해도 종합성
을 띠고 있음을 인식해야 한다.

⑵ 프로그램 작성시 유의할 점

① 과거의 경험에 너무 의존하지 말아야 한다 - 과거에 지도
자 자신이 했던 경험을 주장하게 되면 새롭고 신선한 프로
그램의 개발을 할 수 없고 구태의연한 것이 되기 쉽다.

② 흥미위주의 프로그램을 만들지 말아야 한다 - 캠프가 무미
건조하여서도 안되겠지만, 자칫 잘못하면 캠프를 흥미위주
로 이끌어 가려는 노력을 하기 쉬운데, 그렇게 되면 캠프
본연의 목적을 달성하지 못하게 된다.

③ 프로그램이 너무 경쟁의식을 유발하지 않도록 하여야 한다
- 경쟁의식이 강하게 되면 공동체적 노력의 균형이 깨어지
기 쉽다. 그러나 적절한 경쟁의식은 캠프 참가자들로 하여
금 공동체적 노력을 다하게 할 수도 있다.

5) 예산계획

(1) 수입

① 참가비(전체·예산의 50%)

② 교회보조금(30%)

③ 찬조금(20% ; 간식, 부식, 차량지원, 시상품 등)

(2) 지출

① 준비비(현지답사, 홍보물, 가이드북 제작, 회의비 등)

② 교육훈련비(지도자 강습, 강사사례, 교육자료 구입비 등)

④ 숙식 및 간식비

⑤ 교통비

⑥ 프로그램 진행비

⑦ 시설비(임대료, 기타 사용료 등)

⑧ 예비비(전체 예산의 10-20%)

6) 홍보계획

캠프에 대한 홍보는 모든 일정과 프로그램이 확정된 후에 적어도 캠프 2개월 전부터 홍보에 들어가야 한다. 그리고 1개월 전부터 신청을 받아서 캠프에 참가하는 인원을 예상하고 그에 따라서 준비에 들어가야 한다. 캠프에 대한 안내는 안내장, 포스터, 신청서 등에 의하여 자세하게 알려주고, 많은 가족이 참여할 수 있도록 유도하여야 한다.

안내장이나 포스터는 예산을 많이 들이지 않더라도 성의있게 만들어서 회원 모두가 캠프에 참여하겠다는 마음이 생기도록 신경써서 만들어야 한다. 교회에서 실시한다고 해서 광고시간만을 이용해서 광고하는 것보다는 조그만 안내장을 만들고 신청서도 함께 넣어서 홍보하는 것이 효과적이다.

안내장이나 포스터에는 ① 주제와 목적 ② 참가대상 ③ 장소 (약도나 사진) ④ 기간 ⑤ 참가비 ⑥ 교통편 ⑦ 숙식방법 ⑧ 신청 방법 ⑨ 프로그램의 개요와 같은 사항을 반드시 기재하여야 한다.

7) 자료의 준비

캠프 프로그램이 확정되고, 모든 일정이 확정되면 프로그램의 진행에 필요한 각종 준비물들을 준비하도록 한다. 사소한 것이라도 소홀히 생각하지 말고 철저하게 조사하고 점검하여 준비하여야 한다.

준비물은 캠프지에서 구입할 수 있는 것을 제외하고는 모두 구입하여야 하며, 많은 인원이 캠프를 할 경우에는 음향시설이 가장 중요하다. 다음은 중요한 준비물의 예를 든 것이다.

① 개인 준비물 - 성경, 찬송, 필기구, 세면도구, 갈아입을 옷과 양말, 체육복, 수영복, 기타.
② 조별 준비물 - 취사도구, 침구류, 텐트, 부식, 기타 조에게 필요한 것.
③ 교회 준비물 - 음향기자재, 프로그램 진행자료, 가이드북, 비상 구급약품, 현수막, 사진기, 공구박스, 조명기구, 캠프파이어 용품, 시상품, 수송차량, 기타.

·2 장·

캠프파이어 프로그램

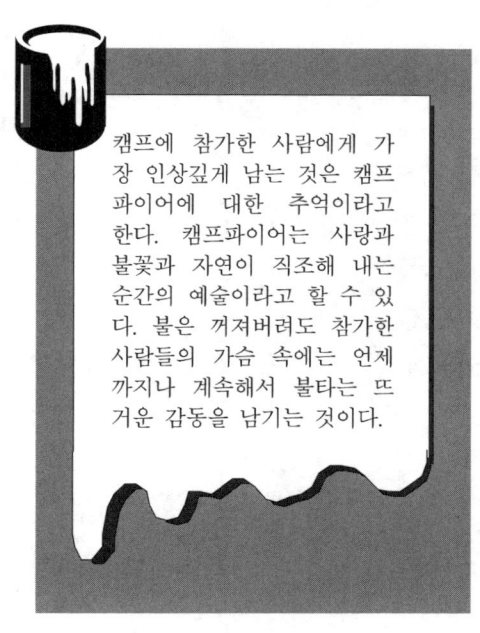

캠프에 참가한 사람에게 가
장 인상깊게 남는 것은 캠프
파이어에 대한 추억이라고
한다. 캠프파이어는 사랑과
불꽃과 자연이 직조해 내는
순간의 예술이라고 할 수 있
다. 불은 꺼져버려도 참가한
사람들의 가슴 속에는 언제
까지나 계속해서 불타는 뜨
거운 감동을 남기는 것이다.

캠프파이어 프로그램

1. 캠프파이어의 의의

캠프파이어는 인류역사와 함께 시작되었다고 볼 수 있다. 자연과 싸우면서 살아가는 원시인들에게 불은 주위로부터 몸을 따뜻하게 보호해 주기도 했고, 어두움을 밝혀주기도 했으며, 습격해오는 짐승을 막아주기도 했다. 또 음식물을 굽거나 삶기도 했고, 각종 연장을 만드는 데에 없어서는 안될 인간생활의 커다란 동반자였다.

시대가 흐름에 따라 불은 단순하게 삶을 위해서 뿐만 아니라 불이 가지는 신비성으로 각종의 제사에 현존케 되었다. 수많은 사람들이 불을 둘러싸고 춤추며 노래하는 고대의 행사 같은 것도 그 배경은 다르다 하더라도 현재의 캠프파이어의 시초라 할 수 있다.

이러한 것은 불이 사람의 마음을 여는 영향력을 가지고 있다는 것을 보여 주는 것이다. 광야를 거쳐가는 카우보이들, 이들이 마른 나뭇가지를 모아 모닥불을 만들어 놓고 기타를 치면서 노래를 부르거나 모닥불에 커피를 끓여 마시면서 지나온 길과 갈 길에 대하여 이야기하는 것을 우리는 텔레비전이나 영화를 통하여 많이 보아 왔다.

출애굽하던 이스라엘 백성이 광야에서 천막을 치고 지낼 때 하나님은 그들에게 커다란 불기둥을 선물하셔서 그들을 지키신 것을 우리는 알고 있다. 마침내는 캠핑이 기독교 교육의 한 활동이나 레크리에이션 활동의 중요한 일환으로 채택됨에 이르자, 프로그램의 하나로서 캠프파이어는 가장 인기 있는 위치를 차지하고 있다.

캠프 생활에 있어서 밤의 휴식과 모임의 즐거움은 당연히 캠프파이어에 있다고 하겠다. 그 불은 우리들의 음식을 만들고 몸을 따뜻하게 해준다. 그 불꽃을 조용히 바라다 볼 때 우리들은 오직 인간에게만 주어진 하나님의 은혜라고까지 느끼게 된다.

캠프에 참가한 사람에게 가장 인상깊게 남는 것은 캠프파이어를 가졌던 추억이다. 반짝이는 별빛 아래서 타오르는 모닥불을 중심으로 얼굴과 얼굴을 맞대고 인생을 이야기한다. 마음과 마음을 연결하고, 손을 잡고 우정을 나누는 이 순간이야말로 생애에 저버릴 수 없는 감동을 남긴다.

이 캠프파이어는 상호 이해와 협력정신을 기르며, 창의력과 정조를 높이는 아름다운 꿈의 실현이기도 하다. 뿐만 아니라 암흑의 숲이나, 초목을 스치는 바람소리조차 둘러앉은 사람의 마음에 하나님을 공경하고, 인간을 사랑하는 정신을 살찌게 하고, 더 나아가서는 어버이와 형제를 사모하는 열정을 갖게 한다.

캠프파이어는 춤과 시로 가득 차 있다. 캠프파이어는 삶의 기쁨을 만끽하는 장소이다. 캠프파이어는 사람과 불꽃과 자연이 직조해 내는 순간의 예술이라고 할 수 있다. 불을 꺼져버려도 참가한 사람들의 가슴속에는 언제까지나 계속해서 뜨거운 감동을 남기는 것이다.

장작을 쌓고 불을 태우는 것이 캠프파이어의 전부가 아니다. 진정한 의의는 앞에서 말한 바와 같이 모든 참석자들이 진행 순서에 따라 새롭게 헌신을 다짐하여 변화되는 데 있다고 하겠다. 그렇기 때문에 불신자들이 행하는 식의 방법과는 엄밀하게 구분되어야 한다.

진행에 있어서는 참가자들의 마음이 엉뚱한 곳으로 향하여 설레지 않도록 사회자가 잘 준비하고 인도하여 끝까지 분위기를 은혜롭게 이끌어 나가는 것이 가장 중요한 일이다. 만약 진행을 잘하지 못할 경우에는 차라리 캠프파이어를 하지 않고 저녁 집회 후 계속하여 철야 기도회나 간증 시간을 갖게 함으로써 성령의 불길이 우리 마음 속에 일어나 놀라운 역사를 체험할 수 있는 기회가 된다면 더욱 효과적이다.

2. 캠프파이어 점화법

점화방식에는 토치를 쓰는 방법과 와이어를 쓰는 방법과 화공약품 등을 사용하는 법이 있다. 각 방법은 파이어의 목적, 종류 등에 따라서 채택한다. 또 파이어와 점화효과를 보다 높이기 위해서는 각 방식을 조합하면 보다 멋있는 캠프파이어가 된다.

1) 토치식 점화법

극히 일반적으로 행해지는 대표적인 것으로 가장 안전하고 확실한 방법이다. 자연 환경에 잘 어울리고 소박하고 엄숙한 것이다. 토치 막대 끝에 헝겊을 감고 철사로 고정하여 등유를 적셔서 사용한다.

<토치 만들기>

① 막대기(80~100cm 정도로 생목으로 하면 잘 타지 않아 좋다)
② 철사(보통 철사로 1m 정도)
③ 등유(약간)
④ 헝겊(화학섬유는 탈 때 불꽃이 흘러 떨어지므로 주의할 것)

(1) **직접 화식** / 한 개의 토치로 입장하여 파이어에 직접 점화하는 방식으로 가장 많이 행해지며 누구나 사용할 수 있는 확실한 방법이다.

(2) **토치 서비스식** / 하나의 토치를 입장하여 몇 사람에게 분화하여 토치를 가진 사람이 동시에 화목에 직접 점화하는 방식과, 동서남북으로 땅을 판 후 기름을 부어두었다가 일제히 동서남북에서 점화하여 타 들어가 점화토록 하는 방법이다.

(3) **성화 런너식** / 점화방식은 토치 점화방식이지만 올림픽에서와 같은 성화라는 이미지를 갖게 하는 방식이다. 특히 이 방식은 주간에 캠프파이어를 갖는 경우에 효과적이다.

(4) **유도 점화식** / 화목에 직접 점화하는 방식이 아니고, 화이어 나무 주위에 도랑을 파고 은박지 같은 것을 깔아 기름이 땅으로 스며들지 않도록 하고, 한 가닥으로 이어진 심지 띠를 둘러놓고 기름을 적셔둔다. 점화는 심지 띠의 끝에 서서 토치로 점화한다. 점화 후 불이 천천히 심지를 따라 전진하여 화이어 목에 점화된다. 준비하는 데 시간이 걸리지만 심지가 타 들어가는 멋을 맛볼 수 있다.

2) 매직 점화법

약품이나 전기 등을 이용하여 점화하는 방법으로서, 기술적으로 어렵고 위험성이 있다. 매직 점화방식을 이용하는 경우는 충분한 연습과 실패 대책을 세워두어야 한다.

(1) 화살점화식 / 화살촉 끝에 토치를 달아서 활을 쏘거나 창 던지기와 같은 형식으로 점화하는 방식이다. 이때 활을 쏘는 사람이나 던지는 사람은 미리 연습을 해서 실패하지 않도록 하며, 2-3명이 준비하여 동시에, 또는 차례로 점화할 수 있다.

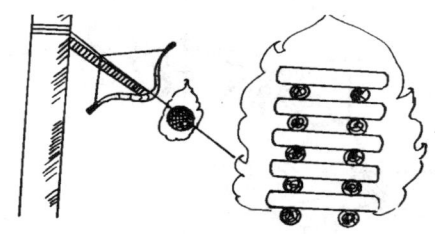

(2) 공중 케이블 낙하 방식 / 철사 줄을 쳐놓고 불붙인 낙하물을 철사 줄에 달아 화목 가운데 떨어지도록 해서 점화하는 방식이다. 철사 줄을 치는 거리에 따라서 강도를 계산해서 치지 않으면 절단될 우려가 있다. 10-20m 정도라면 보통 철사 줄도 충분하지만 그 이상으로 100m 정도까지는 직경 3-5mm 의 철사를 사용한다. 낙하지점은 화목 하부의 지면을 파고 거기에 낙하시킨다. 철사 줄의 경사가 느리면 낙하물이 도중에서 멈추는 일이 있다. 될 수 있는 대로 경사도를 급하게 하는 것이 좋다.

(3) 유성 점화식 / 화살 점화식과 같으나 화살을 사용하지 않고 불꽃(공중 상승식의 것을 사용)을 사용하여 점화한다. 철사 줄

을 치고 불꽃 몇 개를 한데 묶어서 사용하며 유성이 화목에 낙하하여 점화하는 느낌을 낸다. 이때 불꽃이 화목에 잘 옮겨 붙도록 석유를 뿌려두는 것이 좋다.

(4) 도화선 점화 방식 / 불꽃의 점화용에 사용하는 도화선을 철사 줄에 붙여 놓고 점화하는 방식이다. 도화선은 착화하면 맹렬한 속도로 연소하므로 불을 당길 때는 주의해야 한다. 이 방식을 쓸 경우 철사 줄을 임의의 모양으로 굽혀두어도 사용될 수 있다. 도화선은 불꽃 전문점에서만 구입할 수 있으나 값이 비싸다.

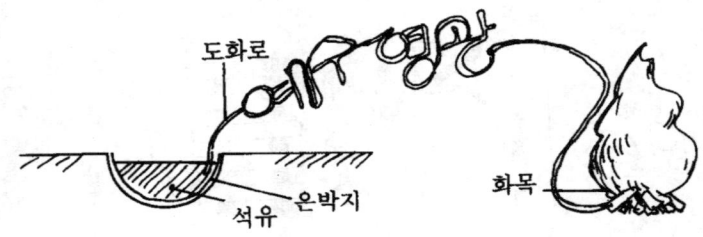

3. 캠프파이어 나무 쌓기

캠프파이어의 나무 쌓는 방법은 특별한 원칙이 있는 것은 아니다. 그러나 캠프파이어를 전개하고 있는 사이 적당한 불꽃을 계속 유지할 수 있도록 쌓지 않으면 안 된다.

캠프파이어는 불꽃을 사용하는 연출이기도 하므로 좋은 나무이어야 한다. 폐품을 소각 처분하는 것으로 되어서는 안 된다. 나무의 형태, 성질, 그때의 풍향, 화상(불의 모양), 그리고 프로그램의 성격에 맞도록 머리를 써야 한다. 여기에는 가장 일반적인 형태만 소개한다.

1) 우물 정(井)자형

의식적 캠프 화이어에 잘 쓰이는 방법으로 가장 크고 긴 나무를 80cm 사이를 두고 평행으로 놓고, 그 위에 두개씩 평행으로 가로, 세로로 놓아 4단쯤 쌓고, 5단에는 7-8개 나란히 놓아 그 위에 가연성이 좋은 종이나 잔 솔개비를 넣고 쌓아 올린다. 중간에 점화구로 단을 만드는 것은 일시에 타오르지 않기 때문에 점화할 때 불꽃을 높이려는 의도이다.

나무는 10-15cm 정도의 굵기로 20-30개와 보조땔감 15-16다발쯤 있으면 한 시간 정도는 유지한다. 엇갈려 놓은 나무들이 흔들리지 않도록 나무가 겹치는 부분에 홈을 파거나 못을 박아 안정시키는 것도 좋다.

가장 일반적인 나무 쌓기로서 굵기와 길이가 적당한 나무일 때 이 방식의 쌓기가 적합하다. 튼튼하고 굵은 나무로부터 순번으로 엇갈려 놓으면서 쌓아 올린다. 약간 하단이나 중간에 로스도구를 넣어 소형의 나무나 풀잎들을 넣어 불이 잘 붙는 것과 공기의 유통을 고려하면서 쌓는다.

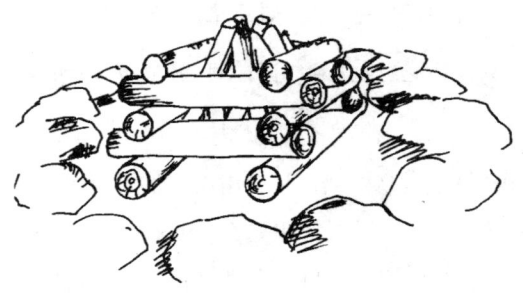

2) 피라미드형

가늘고 긴 나무들의 경우는 이 방법이 좋다. 중심에 굵은 나무를 세우고 그것에다 다른 나무들을 기대 세운다. 물론 불쏘시개 나무들은 안쪽에다 넣어서 쌓는다. 친목을 위하여 많이 쓰이는 방법이다. 직경 10cm, 길이 1m 정도의 나무를 30개 정도 쌓고, 15-16 다발쯤 준비하여 둔다. 우물정형보다 연소가 빠르다.

4. 캠프파이어 땔감

땔감은 크게 나누어 장작, 나뭇가지, 나뭇잎, 가는 나뭇가지, 방울 등이 있다. 모든 땔감은 미리 쌓아둔 것 외에는 한곳에 모아 비나 이슬 등에 젖지 않도록 텐트로 덮어두는 것이 좋다.

다음은 땔감을 고르고 준비할 때 참고할 사항이다.

① 소나무 종류 등 성장이 빠르고 연한 나무는 불이 빨리 붙고 화력도 있으나 빨리 타버려 양이 많이 든다.
② 참나무, 밤나무 등은 비교적 성장이 늦고 단단한 나무여서 불은 빨리 타지 않으나 오래 타고 은은하다.
③ 썩은 나무는 연기만 나고 불길이 없어 사용이 곤란할 때가

많다.

④ 땔감으로는 소나무와 참나무를 고루 섞어 쓰는 것이 좋다.

⑤ 나무는 직경이 10-15cm, 길이가 1m 정도의 둥근 것이 가장 좋다.

⑥ 나무가 너무 생나무여서 잘 타지 않을 것 같으면 미리 석유를 뿌려두는 것이 좋다.

5. 캠프파이어 준비

1) 준비물
쿠킹호일, 솜, 석유 4ℓ, 휘발유 1ℓ, 양초 1개, 폭죽(고정용) 17개, 장작 1시간 사용용, 가는 철사(22-24번) 20m 등.

2) Fire 설계

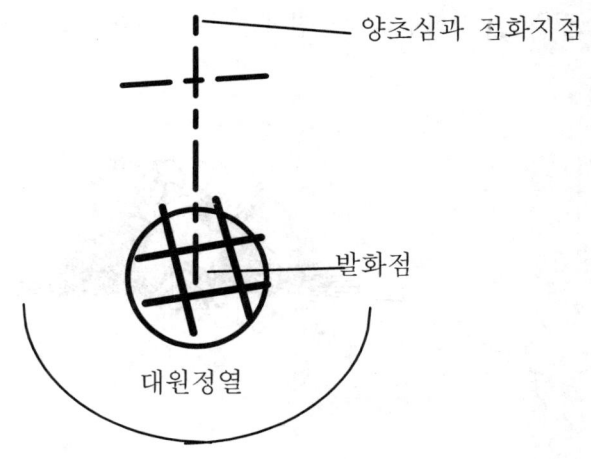

양초심과 적화지점

발화점

대원정열

① 운동장에 가로 1.5m, 세로 3m 정도로 십자가를 만들고, 3cm 정도의 홈을 판다.

② 홈을 판 후, 쿠킹호일로 관을 만들고 솜을 깔아둔다.

③ 십자가 축에 20cm 간격으로 폭죽을 설치한다.

④ 점화지점에는 양초 심을 빼서 점화심지를 만들어 둔다.

⑤ 발화지점에는 솜과 불쏘시개 등으로 불이 잘 붙도록 준비해둔다.

⑥ 십자가 관로의 솜과 발화점에는 Fire 10분 전에 석유를 뿌리도록 한다. 쌓아둔 장작에는 5분 전에 석유와 휘발유를 약간 뿌린다.

⑦ 장작쌓기는 우물 정자 쌓기를 하고, 쓰러지지 않도록 지주 두 개를 박아서 가는 철사로 매면서 약 1.5m 높이까지 쌓는다.

⑧ 대원들은 점화시에 십자가를 바라보고 반원으로 정열하고, 모닥불에 점화가 되면 전체가 큰 원을 그리면서 프로그램을 시작한다.(☞ 점화는 "프로그램 1"의 점화에서 시작됨)

프로그램 1
결단과 공동체를 향하여

1부 / 결단의 예배

묵도 / 다같이 어둠 속에서 조용히 묵상기도를 드리도록 한다.
어둠속의 노래 / "여기 오소서"를 함께 부른다.
기도 / 기도를 맡은 사람이 대표로 기도한다.
점화 / 사회자가 점화 양초에 불을 키고, 그 불로 점화하도록 한
　　　다. 그리고 점화가 되는 동안에 다음의 글을 낭독한다.

　　　나는 불입니다.
　　　나는 모든 악을 태우는 정의의 불입니다.
　　　나는 얼어붙은 대지를 녹이는 사랑의 불입니다.
　　　오늘밤 나는 이러분들의 결단을 위해
　　　이 자리를 찾아 왔습니다.
　　　나는 지금 연약한 이러분을 찾아왔습니다.
　　　그런 어러분의 손에 의해
　　　더 크고 딩딩한 빛으로 새로워지기 위함입니다.
　　　홀로가 아니라
　　　함께 함으로써만 온전해지는
　　　그런 진실을 증거하기 위함입니다.
　　　나의 수줍은 모습이
　　　나의 정열이 약하다는 의미는 아닙니다.
　　　나의 수줍음은
　　　내 열정의 뜨거움을 감추는 표정일 뿐입니다.

지금 나는 내 몸을 태워 흐르는
내 뜨거운 눈물을 여러분께 바칩니다.
더 완전한 사랑은 눈물만으로 가능한 것이기에
더 찬란한 새벽은 눈물 없이 오지 않는 것이기에
나는 오늘 내 몸을 태우기 위하여
여러분들의 축제에 찾아왔습니다.

성경봉독 / 사회자가 성경을 낭독한다.
말씀 / 목사님이나 전도사님이 말씀을 전한다.
찬양과 결단의 기도 / "우리는 사랑의 띠로"를 함께 부른 후 결
단의 기도를 드린다.

빛과 생명의 근원이신 하나님!
죽음의 그늘진 땅에 빛의 나라를 이루시려고
교회를 통해 저희를 불러주심을 감사드립니다.
당신이 지신 십자가의 길이
영원한 생명의 길임을 고백하며,
이제 결단하려 합니다.
우리의 결단을 받아 주시옵소서.
우리는 이 메마른 땅에 진리의 씨앗을 뿌리려 합니다.
당신의 발자취를 따라
당신의 나라를 위해 헌신하려 합니다.
주여! 우리를 도우소서.
우리들의 공동체가
온전한 그리스도의 몸을 이루게 하셔서
당신 살아계심을 온 땅에 전하게 하소서.
우리를 위해 십자가에 달리신
예수님의 이름으로 기도합니다. 아멘

결단의 노래와 축복의 기도 / "작은 불꽃 하나가"를 다같이 부른 후 목사님의 축도로 마친다.

2부 / 공동체를 향하여

1) 함께 찬양을 - 15분 정도 복음송 찬양(☞ 복음송 준비)
2) 동성 2인 1조로
　① 두 손을 마주잡고 - 캠프의 기대감 이야기 나누기
　② 눈을 마주치고 - 눈으로 상대방에게 사랑을 고백하기
　③ 이마를 맞대고 - 상대방의 어려움과 괴로움을 생각하면서 기도하기
3) 나눔의 기도 - 전체가 둥글게 서서 모두 손잡고 "우리는 사랑의 띠로"를 찬양한 후, 하나가 되게 해 달라고 기도한다.
4) 애찬 나누기 - 준비된 음료와 떡을 나누고 싶은 친구들에게 나누어 주며, 대화의 시간을 갖는다.(☞ 음료수와 떡 준비)

Candle Fire

입장 / "우리에게 향하신" 찬양을 조용하게 연주한다. 모든 참가
자가 입장한다.

개회기도 / 사회자가 개회의 기도를 드린다.

성시낭독 / 맡은이가 "요한복음 1:1-13"을 낭독한다.

밤의 노래 / "좋으신 하나님"을 다같이 부른다.

성시낭독 / 맡은이가 "요한복음 3:16-21"을 낭독한다.

촛불점화 / "작은 불꽃 하나가"를 부르면서, 먼저 사회자가 양초
에 점화하고, 차례로 참가자들이 점화를 한다.

회개와 헌신의 기도 / 다같이 촛불을 들고 회개와 헌신의 기도를
드린다.

예수사랑 만들기 / 한 사람씩 차례로 초를 못판에 꽂는다.

결단의 기도 / "내 손을 높이 듭니다" 찬양을 드린 후 결심의 기
도를 드린다.

사랑의 고백 / 옆의 친구들과 "이성은 악수, 동성은 포옹"하면서
예수님의 이름으로 사랑한다고 고백한다.

예수를 따라 살려는 사람들의 노래
/ 다음과 같이 맡은 이들이 찬양을 드린다.

사랑 - 사랑은 언제나 오래참고 (손잡고 찬양)

기쁨 - 기뻐하며 왕께 노래부르리(독창)

화평 - 주는 평화(어깨동무를 하고서)

오래 참음 - 예수의 이름으로 나는 일어서리리(독창)

자비 - 주의 인자는 끝이 없고(독창)

양선 - 예수 안에서 우리 화목됐네(다같이 손을 흔들며)

충성 - 주님과 담대히 나아가(남성중창)

온유 - 비둘기같이 온유한(이중창)

절제 - 주 예수보다 더 귀한 것은 없네(무릎꿇고)

친교의 시간 / 불을 중심으로 둘러앉아서 친교의 시간을 갖는다.
　　　　　　　레크리에이션, 포크댄스, 게임 등을 즐길 수 있다.

축복의 기도 / 목사님의 축복기도로 마친다.

· 3 장 ·

오리엔티어링
(Orienteering)

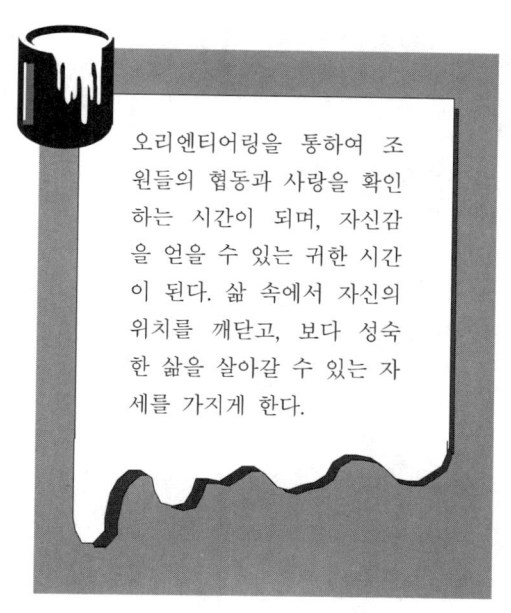

오리엔티어링을 통하여 조
원들의 협동과 사랑을 확인
하는 시간이 되며, 자신감
을 얻을 수 있는 귀한 시간
이 된다. 삶 속에서 자신의
위치를 깨닫고, 보다 성숙
한 삶을 살아갈 수 있는 자
세를 가지게 한다.

오리엔티어링

오리엔티어링이란?

Orienteering(O.L)은 자연 속에서 자기의 위치를 확인하며 목표를 찾아 나아가는 의지를 기르는 훈련이다. 옛부터 인간은 삶을 영위하기 위하여 사냥이나 목축 등을 하였는데, 집에서 멀리 떨어진 산 속이나 바닷가에서 다시금 집으로 돌아오기 위해서는 태양의 위치나 별자리, 그리고 자연의 지형지물 등을 이용하여 자기의 위치를 판단하고, 그것을 이용하여 목적지에 도착하는데 익숙하도록 훈련을 받아왔다.

O.L은 18세기의 교육학자이며 체육가인 구츠무스(Gutsmuths ; 1759-1839)가 제창한 국방을 위한 군사운동에서 시작되어, 군사작전상 정찰 훈련에 사용되어졌으며, 1893년에는 스톡홀름에서 군사 스포츠로 명령전달 경기가 있었다. 1910년 스웨텐에서 제1회 O.L 선수권 대회가 개최되었으며, 1961년에는 덴마크의 코펜하겐에서 세계 O.L연맹(IOF)이 창립되어 매년 O.L 경기가 개최되었으며, 올림픽 경기의 한 종목이 될 가능성도 보이고 있다.

오리엔티어링을 통하여 조원들의 협동과 사랑을 확인하는 시간이 되며, 자신감을 얻을 수 있는 귀한 시간이 된다. 삶 속에서 자신의 위치를 깨닫고, 보다 성숙한 삶을 살아갈 수 있는 자세를 가지게 하는 프로그램이 될 것이다.

프로그램 1
제자의 길

목 적

제자의 삶의 여정에 대한 내용을 담고 있으며 전체 9단계로 구성되어 있는 오리엔티어링과 혼합형의 프로그램이다. 각 조가 이 프로그램을 통하여 그리스도인의 삶의 의미를 되새겨 보며 합심 단결하여 행동하는 동안 그리스도 안에서 더욱 친근한 형제애와 신앙애가 발휘될 수 있을 것이다. 여기서는 우리가 추구해야 할 삶의 모델이 그리스도임을 깨닫고 각자가 결단하는 노력이 필요하다.

진행요령

1. 각 코스마다 성경적 배경이 있는데, 교사는 시작 전에 성경적인 배경과 코스의 목적에 대해서 설명하는 시간을 갖도록 한다.
2. 다음 코스로의 이동은 교사의 구두 지시나 지시문에 의한다.
3. 진행 과정에서 떠들거나 개인 행동은 금한다.
4. 코스 진행상 조별 행동은 조장이 책임을 진다.

제1센터 : 제자의 길을 위한 준비

▶ **성경말씀** : 여호수아 1:6-7

▶ **목　적** : 제자의 길에 대한 소개 및 진행 방법 등을 소개함
으로서 학습 활동에 도움을 준다. 또한 기다리는
조를 위하여 성경 관련 레크리에이션을 함으로써
각 조의 협동심증진과 성경에 대한 관심을 향상시
킨다.

▶ **준 비 물** : 성경 관련 레크리에이션(1시간), 지시문(봉투)

▶ **진행방법**

1) 출발 순서 정하기 : 대표자들의 가위, 바위, 보로 순서
선택의 우선권을 준다.

2) 출발 시간의 할당 : 전체 5조(가능하면 10조)로 구성
되어 있다. 출발 시간 간격은 5분으로 한다.

3) 성경 관련 레크리에이션 : 대기자들을 위한 프로그램
이다.

4) 제2 코스로의 이동을 위한 지시문을 준비한다.

5) 각 조별 준비물을 점검한다(조별 준비물-필기도구, 지
시문 기록을 위한 용지).

▶ **지시문**

<제1센터 지시문>

1. 이동 중 다음의 것을 조심하세요(전 여정에서 유의점). 모든
여정 중에서 흰색은 선택하되 검정 색은 선택하지 마세요. 그리
고 지시문의 내용에 절대로 순종하시길 바랍니다.
2. 다음 센터는 ○○에 있습니다. 다음 센터로 이동하면서 이번
수련회의 주제가를 크게 부르시길 바랍니다.
3. 부디 무사히 9센터까지 마치시길 바랍니다.
   * 중요한 내용은 전체 조원에게 크게 읽어 주고 기록할 사항은
조장이 알아서 기록하세요.

제2센터 : 협력의 공동체

▶ **성경말씀** : 고린도전서 12:12-27

▶ **목   적** : 공동체는 모든 지체가 자기의 역할을 다할 때에 이루어지며, 올바른 교회 공동체는 서로의 짐을 지는 가운데 자기의 역할을 충실히 함으로써 이루어짐을 알게 한다.

▶ **준 비 물** : 퀴즈 카드(뒷면에 성구가 적혀져 있음), 지시문

▶ **카드견본**

< 앞 면 >	< 뒷 면 >
	"만일 한 지체가 고통을 받으면 모든 지체도 함께 고통을 받고 한 지체가 영광을 얻으면 모든 지체도 함께 즐거워하나니, 너희는 그리스도의 몸이요 지체의 각 부분이라"
	(고전 12:26-27)

▶ **진행방법**

　　1) 성경을 모두 읽은 뒤 올바른 공동체의 모습에 대해 설명한다.

　　2) 준비된 카드를 섞어서 조원들에게 나누어 준다.

3) 공동 작업을 통해서 1분 30초 안에 맞추도록 한다.

4) 다 맞춘 뒤에 카드 뒷면의 성구를 전체가 암송하게
한다.

5) 전체 암송을 확인한 후에 다음 코스로의 이동을 구두
로 지시한다.

※ 센터장은 각 조의 인원수를 미리 파악하여 카드 조각 개수를
각 조원의 수에 알맞게 준비한다. 즉 여러 조각의 종류를 준비
해 둔다.

제3센터 : 우상을 버림

▶ **성경말씀** : 하박국 2:18-19, 출애굽기 20:4-6

▶ **목　　적** : 하나님보다 더 사랑하는 것이 곧 우상임을 알게
한다. 이러한 우상을 섬기는 것은 큰 죄악임을
알게 하고 그리스도의 제자가 되기 위해서는 이
러한 우상을 과감히 버려야 함을 알게 한다.

▶ **준 비 물** : 풍선, 네임펜, 지시문

▶ **진행방법**

1) 교사는 우상에 대해서 설명한다.

2) 학생들에게 자기가 지금까지 섬기었던 우상에 대해서
생각하게 한다.

3) 풍선을 하나씩 불게 하고 그 위에 자신이 섬기었던
우상의 형상을 그리게 한다(우상의 형상은 자유스럽
게 그리도록 한다).

4) 학생들을 양팔 간격으로 원형을 지어 서게 한 후 원 중앙에서 모은 풍선을 위로 날린다. 그리고 일제히 달려들어 손을 제외한 모든 몸을 사용하여 터뜨리게 한다.

5) 프로그램을 정리하고 다음 센터로의 이동을 위한 지시문을 준다.

▶ 지 시 문

〈제3센터 지시문〉

1. 목이 마를 것입니다. 4센터에서는 여러분을 위한 음료수가 준비되어 있습니다.

2. ○○ 에서 여러분의 목을 축이세요

제4센터 : 유혹과 시험

▶ **성경말씀** : 마태복음 26:41

▶ **목   적** : 그리스도인의 삶은 언제나 순탄한 것이 아니라 유혹과 시험이 언제나 기다린다. 그러나 그것이 신앙의 연단 과정임을 알게 한다. 또한 우리의 인생의 행로에 유혹의 순간은 늘 존재함을 상기시킨다.

▶ **준 비 물** : 콜라(1.5리터 3병), 사이다(1.5리터 4병), 플라스틱 컵 10개, 인식표(센터 카드 ①-통과표, ②-낙제표), 지시문, 간식

▶ **진행방법**

▶ **1코스 : 유혹의 장**

콜라와 사이다를 주어 콜라를 원하는 사람에게 먼저 따라주고 ②번 인식표를 주고, 사이다를 원하는 사람들에겐 ①번 인식표를 주고 따라준다. 다 마신 후에 바로 옆의 코스인 2코스 시험의 장에 가도록 한다.

▶ **2코스 : 시험의 장**

1) 조원들이 다 도착했으면 ①번 인식표를 받은 사람과 ②번 인식표를 받은 사람을 구분하여 세운다.
2) 센터 출발 전에 검정색은 절대로 선택하지 말라는 지시문을 기억하게 하고 ①번 인식표를 받은 사람들에게 정신교육을 위한 육체 훈련을 실시한다.
3) ②번 인식표를 선택한 사람들에게는 상으로 조그마한 간식을 준다.
4) 교사는 센터가 진행되는 동안에 빠지지 말 것을 강조한 후 다음 센터를 위한 지시문을 준다.

▶ **지 시 문**

〈제4센터 지시문〉

○○로 가시면 다음 센터를 위한 지시문이 있습니다.

제5센터 : 결단의 우체국

▶ **성경말씀** : 참고 자료를 인용

▶ **목　　적** : 그리스도의 제자로서의 자신의 삶을 결단하는 내용을 편지로 쓰게 한다. 수신자는 자신으로 한다. 이 센터의 목적은 수련회 기간 중에 결단을 일상생활까지 이어갈 수 있도록 유도하기 위한 것이다.

▶ **준 비 물** : 편지지, 필기도구, 편지봉투, 지시문

▶ **진행방법**

　　1) 조원들이 도착하면 제5센터의 목적에 대하여 설명한다.

　　2) 편지지를 나눠 주어서 다음의 내용을 작성하게 한다. (작성 시간 10분)
　　　「여러분 자신에게 편지를 쓰세요. 내용은 내가 그리스도의 제자로 살기로 했다는 다짐을 쓰세요. 아주 편하게 이야기하듯이 쓰시길 바랍니다」

　　3) 다 작성했음을 확인하고 편지봉투에 자신의 집 주소와 이름을 적고 편지지를 안에 넣고 봉한 뒤 선생님께 제출하게 한다.

　　4) 각 부 담당 교사는 수련회 마친 후 그 다음 주간까지 집으로 발송해 준다.

　　5) 활동을 다 마쳤으면 다음 센터로의 이동을 위한 지시문을 준다.

▶ 지 시 문

〈제5센터 지시문〉
1. 선생님이 지시한 오솔길을 걸어가세요.
   위험하니까 조심하세요.
2. 두 명씩 짝을 지어 보세요. 예수님도 제자를
   파송할 때는 둘씩 보냈습니다.
3. ○○로 가세요.
4. 목표 지점까지 침묵하면서 가세요.

제6센터 : 대신 진 십자가

▶ **성경말씀** : 마태복음 16:16, 24-25

▶ **목 적** : 예수 그리스도가 지었던 십자가에 대해서 깊게 느
           끼는 시간이 되도록 하며 자신이 질 십자가에 대
           해서 생각해 본다.

▶ **준 비 물** : 대형 십자가(1개), 망치(2개), 못(작은 것 50개), 두
            꺼운 도화지(50개), 매직(3개), 통나무(무겁고 운반
            할 수 있도록 끈이 달린 것-10개), 교사 분장(로마
            군병, 채찍), 녹음기, 테이프, 성경책

▶ **진행방법**

▶ **1코스** : 예수 그리스도의 십자가를 느끼게 한다.

    1) 조용히 묵상하며 자신이 져야 할 십자가를 생각하
       게 한다(마 16:24-25을 봉독해 준다. 음악이 흐르면
       서)

2) 교사 한 명은 로마 군병처럼 위장을 하고 채찍을 든다.

3) 십자가를 상징하는 통나무를 지고 가게 한다.

4) 요령을 피우는 사람은 채찍을 사용해 자극을 주고 침묵하지 않는 사람도 그렇게 한다.

▶ **2코스** : 은혜가 아니고서는 단 하루도 살아갈 수 없음을 알게 함으로 매일의 삶이 십자가를 바라보는 삶이 되게 하는 데 의의가 있다.

1) 도착 후에 자신과 조원들을 위하여 **예수님이 십자가**를 지셨음을 다시금 생각하게 하고 자신의 **십자가에** 못박는 자기 부인을 하게 한다.

2) 두꺼운 도화지에 자신의 이름을 적게 **한다.** 자신의 이름을 쓴 종이를 가지고 침묵한 상태에서 **십자가가** 세워진 곳에 가서 망치로 자신의 이름을 십자가에 못을 박는다.

3) 모든 조원이 모였으면 조 전체가 자신의 **이름이** 못박혀 있는 십자가를 바라보고 묵상한 뒤에 예수님의 십자가를 지겠다는 결단의 기도를 통성으로 드린다.

4) 지시문을 받고 다음 센터로 간다.

▶ **지 시 문**

〈제6센터 지시문〉

지금부터 여러분들은 주의 한 지체로서 같은 길을 가야 함을 알아야 합니다. 여러분의 모든 지침은 마태복음 7:13-14에 있습니다.

제7센터 : 장사지내기

▶ **성경말씀** : 로마서 6:3-4, 고린도후서 5:17

▶ **목 적** : 옛사람이 장사되고 새사람이 태어나는 경험을 함으로 그리스도 안에서 새로운 피조물임을 인식시킨다.(육체의 죽음보다 영혼의 죽음에 초점)

▶ **준 비 물** : 녹음기(장례식 곡 준비), 16절지, 필기도구, 세마포

▶ **진행방법**

1) 교사는 조원들이 자기가 죽었을 경우의 유서를 작성하게 한다.
2) 작성이 끝났으면 2개 조로 나누어서 옛사람을 장사지낸다.
3) 한 명이 누우면 세마포로 그 사람을 싸고 유서를 대독해 준다(교대로). 대독할 때는 한꺼번에 하지 않고 한 명씩 할 수 있도록 한다. 이 때 잔잔히 장례식 곡을 들려준다.
4) 절대로 장난스럽게 하지 않도록 주의를 준다.
5) 전체 통성으로 기도한 후 다음 코스로 간다(구두로 다음 코스를 지시).

제8센터 : 섬김의 도

▶ **성경말씀** : 요한복음 13:1-20

▶ **목 적** : 예수님이 제자들이 발을 씻긴 섬김의 본을 따라 제자의 삶은 종된 모습과 겸손과 섬김의 실천적

인 삶의 변화임을 주지시킨다.

▶ **준 비 물** : 녹음기, 테이프, 수건 2개, 대야 2개, 의자 2개, 초

▶ **진행방법**

   1) 먼저 성경에 나타난 예수님의 세족식과 성경 내용을 말해준다.

   2) 성가곡을 조용히 배경음악으로 틀어준다.

   3) 촛불을 고요하게 켜 놓는다.

   4) 교사(남, 녀)들은 남자, 여자 구분하여 세족식을 거행한다.

   5) 조원들은 2열로 서서 활동에 임한다.

   6) 담당 교사가 무릎을 꿇고 조장부터 발을 씻겨주고 그리고 수건으로 닦아준다.

   7) 시작하기 전에 인도자는 기도로 시작하고, 조원들이 기도하는 마음으로 참여할 수 있도록 주지시킨다.

   8) 담당자는 절대로 고자세로 진행하지 말고 섬기는 자세로 해야 한다.

   9) "우리는 사랑의 띠로"를 어깨동무하고 부른 후 교사의 기도로 마친다.

  10) 다음 센터는 교사가 구두로 지시한다.

제9센터 : 소망의 모닥불

▶ **성경말씀** : 요한복음 13:34-35

▶ **목　적** : 그리스도 안에서 나는 죽어 없어지고 서로를 용납하고 사랑함으로써 하나의 공동체가 이루어진다.

그것이 곧 그리스도를 중심으로 하는 사랑의 공동
체요 그리스도가 원하는 것임을 알게 한다. 그리고
그 가운데 소망이 있음도 알게 한다.

▶ **준 비 물** : 초, 의자, 기타, 간식(감자나 옥수수), 모닥불

▶ **진행방법** : 둘러앉아 간식을 먹으면서 신앙인으로서의 소망의
이야기를 나눈다.

프로그램 2
성경퀴즈 오리엔티어링

▶ **목　적** : 성경퀴즈를 통하여 성경을 알게 하며, 아울러 한 조
　　　　　　가 연합하여 활동함으로써 협동정신을 함양시켜 준
　　　　　　다.

▶ **진행방법**

　　1) 전체 인원을 6-10명으로 조를 편성한다.

　　2) 코스를 설정한다.

　　　　① 교회　② 놀이터　③ 마을회관　④ 동사무소 등등

　　3) 각 코스마다 교사를 배치한다.

　　4) 각 코스마다 성경퀴즈 문제를 조의 수만큼 준비한다.

　　5) 상품을 준비해 둔다.

　　6) ①코스에서 성경문제를 제시해서 맞추는 조가 먼저
　　　　출발하여 ②코스로 간다.

　　7) ②코스에서 성경문제를 맞추면 ③코스로 진행하고, 만
　　　　일 맞추지 못하면 다음 조가 도착할 때까지 기다려서
　　　　다음 조에게 제시되는 문제를 맞추면 ③코스로 진
　　　　행한다. 이때 못 맞추는 팀은 계속해서 기다려야 한
　　　　다.

　　8) 가장 먼저 교회로 돌아오는 조가 우승한다.

프로그램 3
엠마오로 가는 길

 진행요령

1. 각 코스마다 성경적 배경이 있다. 먼저 이 배경에 대하여
   설명해 준다.
2. 코스는 사전에 정확한 답사를 실시하여 각 코스가 가지는
   특별한 의미를 살릴 수 있도록 설계한다.
3. 각 코스마다 과제가 주어지며, 이를 점검할 수 있도록 준비
   한다.
4. 각 코스의 거리는 약 500m 정도가 적당하며, 조별 출발 시
   간 간격은 15분으로 한다.
5. 점수와 시상은 과제 수행과 태도를 참고한다.

제1코스 : 좁은 문(마 7:13)

▶ 목　적 : 성도가 천국에 들어가기 위해서는 세상에서 많은
　　　　　 고난을 겪게 된다. 또한 자기 희생이 있어야만 하
　　　　　 나님이 허락하신다. 좁은 문은 특별히 선택받은
　　　　　 자들이 들어갈 수 있는, 천국으로 향하는 유일한
　　　　　 문이다.

▶ 준　비 : 캠프에서 200m 정도 지점에 자루로 만든 터널을
　　　　　 설치해 둔다. 이것은 쌀부대 5개를 연결해서 만들
　　　　　 면 된다.

▶ **통과요령** : 조별로 한 사람씩 터널을 빠져나가도록 한다. 자루가 터지지 않도록 주의하고 모두 통과하면 다음 코스로 이동한다.

제2코스 : 겟세마네 동산(눅 23 :24)

▶ **목 적** : 겟세마네는 주님께서 늘 기도하시던 곳이다. 우리는 주님을 본받아서 기도하는 사람이 되어야 한다.

▶ **준 비** : 예배순서와 찬송을 복사해서 나누어 주고, 기도 장소에 도착하면 모두 둘러 앉아서 예배를 드리도록 한다.

▶ **통과요령** : 조장의 인도로 순서대로 예배를 진행한다. 특히 기도는 통성으로 하도록 한다.

제3코스 : 골고다의 길(마 27 :33)

▶ **목 적** : 예수님이 십자가를 지고 올라가시던 골고다의 길은 우리에게 큰 아픔이다. 로마 군병의 채찍, 무거운 십자가, 사람들의 조롱을 모두 참으신 주님! 우리는 우리에게 주어진 십자가를 어떻게 감당할 것인가?

▶ **준 비** : 통나무 십자가를 두 개 만들어서 하나는 올라가는 길에 지고 가도록 하고, 하나는 언덕 위에 세워서 조원들이 모두 십자가에 달려보도록 한다. 십자가에 달릴 때는 십자가의 양쪽에 손목을 묶을 수 있도록 밴드를 부착하고, 발목도 묶을 수 있도록 준비한다. 장소는 올라가는 길이 십자가를 지고 갈

수 있는 적당한 길이면 좋다. 2코스에서 약 200m
에서 십자가를 지고 가도록 한다. 밴드는 가죽으로
하고, 채찍은 허리띠를 사용한다.

▶ 통과요령 : 조원 중에서 십자가를 질 사람, 채찍질을 할 사람,
욕하는 사람, 그리고 구레네 시몬과 같이 대신 십
자가를 지고 갈 사람을 정한다. 그리고 매달리는
것은 모두 한 번씩 체험하도록 한다.

제4코스 : 엠마오의 길(눅 24 :13-36)

▶ 목　　적 : 엠마오는 말씀을 듣고 제자들의 마음에 기쁨이 솟
아오르던 생명의 길이다. 우리도 하나님의 말씀을
들을 때에 기쁨과 희망이 솟아올라야 하며, 또한
그 말씀으로 살아가야 한다.

▶ 준　　비 : 성경 암호문을 조별로 봉투에 넣어 준비해 둔다.

▶ 통과요령 : 각 조는 3코스에서 출발하여 진행하는 동안 부활
의 찬송을 힘차게 부르면서 진행한다. 암호카드가
있는 곳에 도착하여 각 조에게 주어진 암호카드를
개봉하여 조원들이 함께 암호를 풀어 지시하는 대
로 따른다.

자음	ㄱ	ㄴ	ㄷ	ㄹ	ㅁ	ㅂ	ㅅ	ㅇ	ㅈ	ㅊ	ㅋ	ㅌ	ㅍ	ㅎ
암호														
모음	ㅏ	ㅑ	ㅓ	ㅕ	ㅗ	ㅛ	ㅜ	ㅠ	ㅡ	ㅣ	.	?		
암호														
숫자	1	2	3	4	5	6	7	8	9	0				
암호														

제5코스 : 천국의 문(계 21 : 10-12)

▶ **목　적** : 이 코스는 안식처인 캠프로 돌아오는 곳이다. 우리가 힘들고 어려운 과정을 거치면서 생각할 수 있는 것은 참된 삶의 목적과, 우리가 어떤 일을 거쳐야만 천국에 들어갈 수 있는가를 생각해보는 일이다.

▶ **준　비** : 소감문을 쓸 종이와 필기구를 준비한다.

▶ **통과요령** : 제4코스에서 지시한 과제를 수행하면서 캠프로 돌아 와서 각자 소감문을 기록하도록 한다. 소감문을 다 기록하였으면, 전체가 모인 후에 각 조별로 먼저 발표하고 각 조 대표로 약간 명씩 발표하도록 한다.

프로그램 4
새 삶을 찾아서

진행요령

1. 각 코스마다 성경적 배경이 있다. 조장들에게 진행 담당자는 배경을 설명해 주고, 각 코스마다 지도교사를 한 명씩 배치하도록 한다.
2. 각 코스는 캠프, 수련회의 형태에 따라 적절히 구성한다. 사전 답사를 통하여 정확히 설계하여야 한다.
3. 각 코스마다 과제가 주어지며, 이를 점검할 수 있도록 준비한다.
4. 각 코스의 거리는 약 500m 정도가 적당하며, 조별 출발 시간 간격은 15분으로 한다.
5. 점수와 시상은 과제 수행과 태도를 참고한다.

제1코스 : 기도의 문(사도행전 2장)

▶ 목　　직 : 교회는 기도로 시작되었다. 기도의 결과 성령의 충만함을 받아 새사람이 된 우리가 모인 곳이 교회이다. 먼저 기도로 준비하는 시간을 갖도록 한다.

▶ 준　　비 : 캠프에서 500m 정도 떨어진 곳에 문을 만들고, 그 문에 들어가기 전에 사도행전에 나타난 그리스도인의 삶의 의미를 깨닫게 해달라고 기도하도록 한다.

① 기도회 순서는 찬송 한 장을 부르고 돌림기도를 한다.
② 제2코스로 이동하는 동안 주제가를 부른다.
③ 한 사람에게 전도하고, 그의 이름과 나이, 주소 등을
　 적어 오도록 한다.

제2코스 : 흩어진 무리들(사도행전 5장)

▶ 목   적 : 교회는 모여서 기도하고 성령이 주시는 새힘을 입
　　　　　어 다시 흩어져서 그리스도의 향기를 전하는 것이
　　　　　다. 전도의 사명, 전도의 실천 기회를 가지게 한다.

▶ 준   비 : 제2코스는 주로 인근 부락으로 한다. 출발하기 전에
　　　　　미리 전도에 관한 교육과 메모할 수 있는 도구를
　　　　　준비하도록 한다.

▶ 지   시 : 각각 흩어져서 한 명 이상 전도를 하고, 그의 이름
　　　　　과 주소, 나이 등을 적어 오도록 한다.

 * 다음 집합 장소는 다음과 같다.

> 집합장소 : ○○초등학교 정문
> 현재시간 : 00시 00분
> 집합시간 : 00시 00분까지

제3코스 : 체험의 현장(사도행전 9장)

▶ 목   적 : 바울이 다메섹 도상에서 주님을 만나게 된 것은 그
　　　　　의 생애에 가장 복 받은 사건이다. 우리는 예배드

리는 가운데 이런 놀라운 체험을 얻을 수 있다.

▶ 준　　비 : 인근 부락을 출발해서 산을 오르는 코스로서, 앞으로 닥칠 고난, 위험, 유혹 등을 이기도록 준비한다.

▶ 지　　시 : 다음 지시하는 곳으로 이동하시오.

○○학교 정문에서 XX방향으로 500m
→ △△방향으로 300m
→ 큰 포플라 나무 아래서 예배를 드리시오.

제4코스 : 유혹에서의 승리(사도행전 14장)

▶ 목　　적 : 신앙생활을 하는 데는 세상의 유혹이 많다. 이러한 유혹을 물리칠 수 있는 인내를 기른다.

▶ 준　　비 : 제4코스는 과수원이나 농장이 있는 곳이 좋다. 배고픔을 비롯해 더위와 목마름으로부터 오는 유혹이 많은 곳이면 좋다. 진행방향 표시(→)를 설치하고, 교사를 배치하여 유혹에 대한 점검을 한다.

▶ 지　　시

→ 이 곳에서 다음 표시가 나타날 때까지
2인 1조가 되어 업고 가시오.
→ 목이 말라도 참고, 절대 침묵하시오.

제5코스 : 감옥에서의 찬송(사도행전16장)

▶ 목　적 : 바울은 빌립보 감옥에서 찬송하며 기도할 때 옥문
이 열리는 역사가 일어났다. 감옥과 같은 괴로움을
당할 때 우리는 어떻게 할 것인가?

▶ 준　비 : 제5코스는 되도록 극기 훈련의 과정이 되어야 한다.
산계곡이나 험한 곳이 있으면 좋다(통나무 건너기,
줄타기, 산 오르기, 나무 오르기 등)

▶ 지　시 : (→)표시를 따라 가면서 지시대로 행하시오.

> →이 곳에서 다음 표시가 나타날 때까지 찬양하
> 면서 가시오.

제6코스 : 성령이 함께하심(사도행전 19장)

▶ 목　적 : 환난과 고통을 겪고 나면 성령님은 우리를 더욱 사
랑하시고 보호하신다. 주님의 사랑을 느끼는 것이
곧 신앙의 기쁨이요, 이것이 천국생활인 것이다. 시
험을 이기는 자에게는 주님이 또한 상급을 주신다.

▶ 준　비 : 제5코스는 마지막에 지시가 있으며, 조별 지시카드
봉투를 준비한다. 이곳에서는 숨겨진 보물을 찾도
록 한다. 보물은 갈등을 해소할 수 있는 수박이나
음료수로 한다.

▶ 지　시 : 자기 조의 봉투를 개봉하시오. 봉투 안에는 보물을
숨겨진 곳의 약도가 들어 있다. 조원들은 함께 그

것을 찾아서 먹도록 한다.

제7코스 : 평안의 안식처(사도행전 28장)

▶ **목　적** : 모든 수고가 끝나고 주님이 예비하신 처소에서 평안히 거하게 된다. 1-6코스의 여정이 끝나고 캠프로 돌아오는 것은 곧 쉼을 의미한다.

▶ **준　비** : 세족식이나 선물교환 등의 순서를 준비한다.

▶ **지　시** : 쓰레기는 모두 수거해서 하산하시오. 그리고 냇가가 나오면 세족식을 하거나 조원들끼리 선물교환의 순서를 갖도록 한다.

프로그램 5
순례자의 길

 목 적

이 프로그램은 결단 예배의 연결 프로그램으로서, 저녁 시간을 이용하여 여러 개의 상황을 경험함으로써 스스로 생각하고 느끼고 행동하게 한다. 그리하여 공동체의 삶과 참 그리스도의 길을 배우고 제자의 삶을 결단하게 하는 데 그 목적이 있다.

진행요령

1. 각 코스마다 코스명과 성경구절을 적어 놓는다.
2. 렌턴을 준비, 주위를 비춰가면서 코스에 대하여 설명해 준다. < 목적을 분명히 주지시킴 >
3. 이동 시간에는 절대 침묵하고 조원들간에 서로 떨어지지 않게 미리 설명해 준다.
4. 너무 위험한 코스는 삼가고 코스 간에는 서로 말소리가 들리지 않도록 떨어진 거리를 정한다.
5. 서로의 시간을 정해 조원들이 밀리는 일이 없도록 계획한다.
6. 각 코스 담당자는 교사로 하며 들어가기 전에 충분한 사전교육과 기도회를 갖고 시작한다(학생들도 사전에 기도회로 준비한다).

7. 시간은 어둠이 깔리기 시작한 저녁시간이 좋다.

8. 참가자들은 긴팔 옷과 운동화를 착용하게 한다.

9. 각 코스 담당자는 분장을 하면 더욱 효과적이다.

10. 각 코스마다 마칠 때는 공동기도와 지도자의 기도로 마친다.

11. 각 코스별 평가는 평가표에 의하여 점검하도록 한다.

제1코스 / 좁은 문

▶ **성경말씀** : 마태복음 7:13

"좁은 문으로 들어가라 멸망으로 인도하는 문은 크고 그 길이 넓어 그리로 들어가는 자가 많고".

▶ **목 적** : 십자가의 길은 좁고 거칠고 힘든 길이다. 자신을 낮추는 어두움을 실제 체험함으로 낮고 겸손한 자세를 배우게 되며 그리스도의 참모습을 알게 된다.

▶ **준 비 물** : 나무막대, 줄(노끈), 방울, 책상, 걸상, 기타 소도구.

▶ **진행방법**

1) 주로 어두운 곳이 좋다. 야외인 경우 나무 막대를 40cm 높이로 막대 간격은 30cm로 한다. 터널의 길이는 10m-15m 정도로 하고 끈으로 막대끼리 연결하여 군데 군데에 방울을 단다. 실내인 경우는 책상이나 걸상 등을 이용하여 좁은 터널을 만든다(지하실이나 잘 정돈되지 않은 곳, 또는 지저분한 곳을 택한다).

2) 군대 훈련 중 철조망 통과시 포복으로 통과하는 것을

연상하면 된다(종이 울리면 실격, 다시 실시한다).

3) 본 코스로 이동 즉시 모든 참가자는 무릎을 꿇게 함.

4) 진행자는 참가자들의 통과시에 알맞은 맨트를 집어 넣는다.

▶ **제 1 코스 평가표**

내용 / 조	1	2	3	4	5	6	비고
협동심/20점							
순종심/20점							
질 서/10점							
계 / 50점							

제2코스 / 구레네의 십자가

▶ **성경말씀** : 마가복음 15:21

"마침 알렉산더와 루포의 아비인 구레네 사람 시몬이 시골로 와서 지나가는데 저희가 그를 억지로 같이 가게 하여 예수의 십자가를 지우고"

▶ **목   적** : 시몬 구레네가 십자가를 대신 지고 간 것을 기억하면서 자기의 십자가를 경험하게 함으로 제자의 삶을 살게 한다.

▶ **준 비 물** : 나무(통나무)십자가 1-3개, 채찍.

▶ **진행방법**

1) 담당자는 로마 군병 같이 위장을 하고 채찍을 든다.
2) 통나무 십자가를 조원들이 교대로 무겁다고 느낄 정
   도만큼 지고 간다.
3) 힘들다고 느끼면 다른 사람에게 넘기게 한다.
   (담당자가 판단하여 체격에 맞게 시간을 정함.)
4) 절대 침묵을 유지해야 하고 다른 조원은 그 뒤를 따
   라간다.
5) 요령을 피우는 학생은 채찍을 사용하여 자극을 준다.
   (채찍 소리를 냄)
6) 장소는 운동장이나 언덕을 이용한다.

▶ 제 2 코스 평가표

내용 / 조	1	2	3	4	5	6	비고
협동심/20점							
순종심/20점							
질　서/10점							
계 / 50점							

제3코스 / 십자가의 현장

▶ **성경말씀** : 누가복음 23:44-46

"때가 제육시쯤 되어 해가 빛을 잃고 온 땅에 어두움이
임하여 제구시까지 계속하며 성소의 휘장이 한가운데가
찢어지더라 예수께서 큰소리로 불러 가라사대 아버지여
내 영혼을 아버지 손에 부탁하나이다 하고 이 말씀을

하신 후 운명하시다"

▶ **목   적** : 그리스도의 고난의 십자가의 현장을 체험케 함으로 그리스도의 대속을 묵상하고 자기를 십자가에 못박는 자기 부인의 의미를 느끼게 한다.

▶ **준 비 물** : 망치, 못, 초, 십자가, 카세트 테이프, 녹음기, 백지, 볼펜(인원수대로).

▶ **진행방법**

1) 시작하기 전에 통성으로 기도하고 초를 받아 각자 그리스도의 죽음을 묵상한다. 내 자신 십자가에 못 박을 것이 무엇인지 생각하고 내 자신에게서 죽어 없어져야 할 것을 내용으로 조서를 쓴다.

2) 조서를 쓴 다음 나무 십자가에 자기 이름을 붙인 대못을 각자 받는다.

3) 못을 박기 전 각자의 이름을 외치면서 십자가에 박는다.

4) 마친 후 자신이 못박은 십자가를 보면서 동그랗게 손을 잡고 통성기도를 한다.

5) 코스 배치 : 십자가를 가운데 눕혀 놓고 그 둘레로 둥그렇게 둘러앉는다.

▶ **제 3 코스 평가표**

내용 / 조	1	2	3	4	5	6	비고
협동심/20점							
분위기/10점							
태 도/ 20점							
계 / 50점							

제4코스 / 요셉의 무덤

▶ **성경말씀** : 로마서 6:3-4

"무릇 그리스도 예수와 합하여 세례를 받은 우리는 그의 죽으심과 합하여 세례 받은 줄을 알지 못하느뇨 그러므로 우리가 그의 죽으심과 합하여 세례를 받음으로 그와 함께 장사되었나니 이는 아버지의 영광으로 말미암아 그리스도를 죽은자 가운데서 살리심과 같이 우리로 또한 새생명 가운데서 행하게 하려 함이니라"

▶ **목   적** : 옛사람이 장사되고 새사람이 태어나는 경험을 함으로 그리스도 안에서 새로운 피조물임을 인식시킨다(육체의 죽음보다 영혼의 죽음에 초점).

▶ **준 비 물** : 흰포, 랜턴, 파란색 셀로판지, 붕대, 초.

▶ **진행방법**

1) 파란색 셀로판지로 랜턴을 감싸 주변을 비추어 분위기를 조성한다.
2) 장소가 바깥일 경우는 나무 밑이나 조금 습기가 있는 어두운 곳으로 공동묘지의 분위기를 조성한다. 실내일 경우는 외떨어진 골방이 좋다.
3) 한 사람씩 흰포 위에 눕는다.
4) 조장이나 조원들이 누운 사람의 조서를 읽는다 (조서는 "십자가의 현장" 코스에서 쓴 것이다).
5) 한 명이 다가가 붕대로 염(관에 죽은 사람을 넣기 위해 손과 발등을 묶는 것)을 하고 조심스럽게 흰포로

싼다.

6) 흰포로 싼 몸을 모두 들고서 원을 한 바퀴 돈다.

7) 다시 내려놓은 후 무릎을 꿇고 조원들이 친구의 영혼을 위해 기도한다.

8) 위와 같은 방법으로 하되 시간이 남으면 교대로 해보는 것도 괜찮다.

9) 절대 정숙을 유지한다.

▶ **제4코스 평가표**

내용 / 조	1	2	3	4	5	6	비고
협동심/20점							
분위기/30점							
계 / 50점							

제5코스 / 섬김의 도

▶ **성경말씀** : 요한복음 13:1-20

"저녁 잡수시던 자리에서 일어나 겉옷을 벗고 수건을 가져다가 허리에 두르시고 이에 대야에 물을 담아 제자들의 발을 씻기시고 그 두르신 수건으로 씻기기를 시작하여 시몬 베드로에게 이르시니 가로되 주여 주께서 내 발을 씻기시나이까 예수께서 대답하여 가라사대 나의 하는 것을 네가 이제는 알지 못하나 이후에는 알리라 베드로가 가로되 내 발을 절대로 씻기지 못하시리이다 예수께

서 대답하시되 내가 너를 씻기지 아니하면 네가 나와 상
관이 없느니라 시몬 베드로가 가로되 주여 내 발 뿐 아
니라 손과 머리도 씻겨 주옵소서 예수께서 가라사대 이
미 목욕한 자는 발밖에 씻을 필요가 없느니라 온 몸이
깨끗하니라 너희가 깨끗하나 다는 아니니라 하시니"

▶ 목   적 : 제자들의 발을 씻긴 예수님의 섬김의 본을 따라
           제자의 삶은 종된 모습과 겸손과 섬김의 실천적
           인 삶의 변화임을 주지시킨다.

▶ 준 비 물 : 의자, 수건, 대야, 성가테이프, 녹음기, 초.

▶ 진행방법

    1) 먼저 성경에 나타난 예수의 세족식과 성경 내용을 말
        해준다.

    2) 성가곡을 조용히 배경 음악으로 틀어준다.

    3) 장소는 물가나 급수할 수 있는 장소면 좋다.

    4) 촛불을 주위에 켜놓는다.

    5) 의자에 앉아서 하되 남녀 구분하는 것이 좋다.

    6) 일렬로 서서 담당교사의 설명을 듣는다.

    7) 조장을 담당교사가 무릎을 꿇고 발을 씻겨준다. 그리
        고 수건으로 닦아준다(담당교사는 될 수 있는 한 나
        이가 많은 장로님이나 집사님이 좋다).

    8) 시작하기 전에 인도자는 기도로 시작하고 참여할 때
        기도하는 마음으로 할 수 있도록 주지시킨다.

    9) 절대로 고자세로 진행하지 말고 섬기는 자세로 진행
        해야 한다.

10) 끝난 후 모두 손을 잡고 "사랑" 복음성가를 조용히 부른 후 통성으로 합심기도를 한다. 기도 후 몇 사람의 자원자가 마무리 기도를 하게 해도 좋다.

▶ 제 5 코스 평가표

내용 / 조	1	2	3	4	5	6	비고
질서 / 20점							
분위기/10점							
계 / 50점							

제6코스 / 사랑의 공동체

▶ **성경말씀** : 요한복음 13:34-35

"새 계명을 너희에게 주노니 서로 사랑하라 내가 너희를 사랑한 것같이 너희도 서로 사랑하라 너희가 서로 사랑하면 이로써 모든 사람이 너희가 내 제자인 줄 알리라"

▶ **목　　적** : 그리스도 안에서 나는 죽어 없어지고 서로를 용납하고 사랑함으로써 그리스도를 중심으로 하나의 공동체가 이루어진다. 그것이 곧 사랑의 공동체요 그리스도가 원하시는 것임을 알게 한다.

▶ **준 비 물** : 둥근 빵, 포도음료수, 백지(인원수대로)

▶ **진행방법**

1) 이 코스는 모든 프로그램이 끝난 뒤 전체 순서로 가

지는 것이 좋으나 사정에 따라 끝나는 대로 하는 것
도 무방하다.
2) 조명은 환하게 한다(모두 볼 수 있도록).
3) 공동체임을 강조하는 메시지를 선포한 후 공동체 떡
떼기를 하므로 하나의 지체임을 느끼게 한다.
4) 찬양을 한 후 서로를 향해 큰절을 한다.
5) 사랑의 선물전하기(각자 백지에 줄 선물을 기록한 후
대상자에게 건네준다. 또는 백지에 자기의 이름을 쓰
게 한 후 다른 사람들에게 돌려 그 사람에게 느낀점
이나 하고 싶은 말들을 한 문장씩 적어서 준다. 모두
있는 자리에서 돌아가면서 읽는 것도 좋은 방법이다).
6) 조원 전체가 어깨동무를 하고 무릎을 꿇고 합심기도
를 한다. 끝난 후에는 전체가 이와 같이 기도한다.
7) 조별 혹은 각자 자유롭게 기도회를 가짐으로 마치는
것이 좋다.

▶ 제 6 코스 평가표

내용 / 조	1	2	3	4	5	6	비고
협동심/30점							
분위기/20점							
계 / 50점							

· 4 장 ·

캠프 공동체 훈련 프로그램

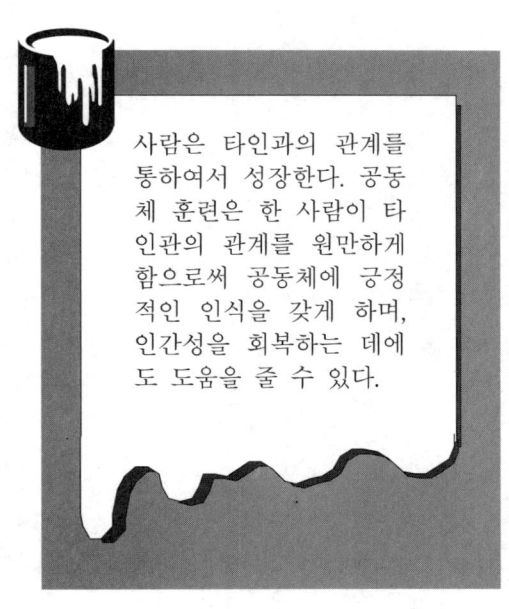

사람은 타인과의 관계를 통하여서 성장한다. 공동체 훈련은 한 사람이 타인관의 관계를 원만하게 함으로써 공동체에 긍정적인 인식을 갖게 하며, 인간성을 회복하는 데에도 도움을 줄 수 있다.

캠프 공동체 훈련 프로그램

1. 공동체 훈련이란?

그리스도인으로서 자아인식(Self-identity)의 확립과 이웃에 대한 관심과 이해를 갖게 하며, 대화적 과정을 통하여 진정한 만남의 경험(Encounter group)을 나눔으로 공동체적 신앙의 고백과 다짐을 실천하도록 하는 교육이다.

인간이 성장하는 것은 인간과의 매개로 말미암는다. 타인과의 관계없이는 자기 인식을 바르게 하지 못할 뿐만 아니라, 자신의 삶의 의미조차 발견하지 못할 것이다. 따라서 공동체 훈련은 개인이나 집단 속에서 한 인간이 타인과의 관계를 원만하게 함으로써 공동체에 긍정적인 인식을 갖도록 하는 것이다. 먼저 우리는 공동체 훈련의 성경적 의의를 찾아보자.

성경에서 직접적으로 공동체란 말을 사용한 곳은 없다. 그러나 공동체의 의미를 가진 용어로서 '한 몸', '하나 됨'이란 것이 있다. 사도행전 2장과 4장, 로마서 12장, 고린도전서 12장, 그리고 에베소서 4장은 교회의 공동체됨을 분명히 알려주는 귀한 말씀이다. 특히 사도행전 2:37-47과 4:32-37을 보면, 초대교회 성도들의 공동체적인 생활 모습을 잘 볼 수 있다.

따라서 공동체 훈련의 성경적 의미를 찾는다면, 성도는 그리스도의 몸인 교회의 각 지체들로서의 역할 담당을 인식하고, 하나님께서 주신 각자의 은사를 활용하여 이해와 협동으로 그리스도의 몸을 온전하게 세우는 데 그 의의가 있다고 볼 수 있다.

2. 공동체 훈련의 목적

1) 자신의 이해

훈련을 통하여 자신의 행동이 타인에게 나타나고 보여지므로, 타인에게 보여진 자신의 모습을 발견하게 된다. 또한 자신이 타인에게 어떤 영향을 미치는가에 대해서도 이해하게 되며, 참된 자신의 모습을 이해하게 된다. 이것은 진정한 자아 개방에 의해서만 가능한 것이며, 자신의 마음을 닫아 두고서는 자신은 물론 타인을 이해한다는 것은 불가능한 일이다. 따라서 공동체 훈련의 첫 번째 목적은 자신의 이해에 있다고 하겠다.

2) 타인의 수용

우리는 타인의 행동에 관하여 자신의 행동보다 더 관심을 가진다. 공동체 훈련을 통하여 타인의 행동을 관찰하여 봄으로써 자신의 행동과 비교하여 이해와 수용적인 태도를 기를 수 있다. 따라서 나의 중요성과 함께 너의 소중함을 인식하게 되며, 나아가서 우리라는 공동체의 인식이 가능하게 되는 것이다.

3) 공동체 인식

자신의 이해와 타인의 수용은 마침내 우리라는 집단 공동체에 관한 구성원리와 존재방식을 이해하게 한다. 집단 공동체 내에서 나의 역할과 너의 중요성이 체험되고 구체적으로 인식될 때에 집단 공동체의 건전한 성장과 발전을 기대할 수 있을 것이다. 공동체 훈련은 위와 같은 세 가지의 큰 목적과 함께 개인의 인식능력, 의사소통 능력, 자주, 자율, 협동의식을 길러주게 된다. 또한 집단 활동을 통하여 민주적 문제해결의 능력 및 탐구성과 창의성이 개발되고 개인의 행복을 책임지는 인간성의 회복을 촉진한다.

☞ 공동체 훈련을 통하여 기대할 수 있는 변화들

1. 자신의 감정을 타인에게 비교적 자유스럽게 표현할 수 있다.
2. 자신의 감정을 타인에게 억지로 꾸미지 않고 솔직하게 표현할 수 있다.
3. 편견이나 오해 등을 바로잡고 이해하려는 마음을 가진다.
4. 어떤 문제에 대하여 보다 긍정적인 자세로 해결하려고 한다.
5. 타인을 이해하고 보다 깊은 관심을 가지게 한다.
6. 타인의 문제를 나의 것으로 인정하고 돕는 자세를 가진다.
7. 집단행동에 보다 적극적이고 효과적인 노력을 기울인다.
8. 자기 신뢰와 타인 이해로부터 자율과 협동정신이 발휘된다.
9. 궁극적으로는 자기실현과 집단 목표를 효과적으로 달성하는 역동적 체계를 형성한다.

3. 공동체 훈련의 방법

1) 훈련의 대상

공동체 훈련의 대상은 어느 누구라도 관계없다. 동질집단(同質集團)이건 이질집단(異質集團)이건 상관없으며, 다만 훈련의 효과를 고려하여 편성하면 된다. 구태여 대상의 구별을 하자면 아동집단, 청소년 집단, 청년집단, 부부집단, 가족집단, 또는 교회의 각 기관으로 하는 집단으로 구분할 수 있다.

2) 훈련집단의 편성

공동체 훈련의 편성은 기본적인 훈련이 가능한 인원으로 구성해야 한다. 학자들에 따라 다소의 차이가 있지만 기본적인 훈련이 가능한 인원은 6명 이상 12명 이내의 소그룹이 4-5개로 이루어지면 좋다고 본다. 따라서 공동체 훈련의 소그룹(조 ; small group) 편성은 기본적인 훈련이 가능한 인원으로 구성해야 한다. 이것은 훈련의 효과에 있어서 상호작용(Feed back)의 영향을 고려한 것이다. 너무 숫자가 적으면 서로의 상호작용의 효과가 약해지기 쉽고, 너무 많으면 진행시간이 길어져서 지루함을 느끼게도 하기 때문이다.

3) 훈련 기간

훈련의 과정은 구성원의 형편에 맞도록 하는 것이 좋다. 보통 2박 3일이나 3박 4일이 적당하며, 합숙훈련이 더욱 효과적이라 할 수 있다. 교회에서 실시하는 경우에는 철야 프로그램으로 구성하여 하루 6시간 이상으로 실시하는 것이 좋다. 한 프로그램의 실시 시간이 대개 8명 1조로 4개 조인 경우 1시간 20분을 소요하게 되므로, 최소한 하루 저녁에 3개 이상의 프로그램을 실시해야 훈련의 효과를 얻을 수 있기 때문이다.

4) 장소의 조건

공동체 훈련의 장소는 소음이 적고 자연과 접할 수 있는 곳이 좋다. 의자보다는 마루바닥에 양탄자를 깔아둔 곳이 적합하며, 장시간 앉아서 활동하게 되므로 휴식할 수 있는 공간이 마련되어야 한다. 또한 전체가 모여서 활동할 수 있는 공간과 각 조별로 활동할 수 있는 작은 방이 있으면 더욱 좋다.

5) 교육자료의 준비

훈련에 임하기 전에 각 프로그램에 필요한 모든 자료는 세심하게 검토해서 하나라도 빠짐없이 준비하되 넉넉하게 준비해야 한다. 만약 빠진 것이 있어 프로그램의 진행 도중에 준비하려면 훈련의 분위기가 깨지게 되며, 그만큼 훈련의 효과도 떨어진다.

4. 공동체 훈련의 진행과정

1) 지도자의 역할

공동체 훈련의 목적은 '지금-여기(here-now)'에서의 학습활동을 통한 경험의 과정과, 자기의 인식과 더불어 타인에 대한 이해와 수용을 통한 자아성숙(self maturation)에 있다. 또 그로 인한 공동체의 형성 유지와 그리스도인으로서의 성숙한 관계의 형성에 있다. 따라서 지도자는 훈련에 임한 모든 구성원들이 적극적으로 참여할 수 있도록 유도하며, 스스로 경험하고 체험할 수 있도록 도와주어야 한다.

지도자는 공동체 훈련의 일원으로서 행동하며, 동시에 돕는자(helper)로서의 역할을 하여야 한다. 지시하거나 문제의 해결방법을 제시하기보다는 훈련자 스스로 판단하고 해결할 수 있는 방법을 찾도록 도와주어야 한다.

2) 참여자의 자세

① 지도자의 조언에 적극 따른다.

② 주어진 과제에 충실히 임한다.

③ 모든 활동은 자발적이고 솔직하게 표현한다.

④ 발표는 부드럽고 예의있게, 그리고 정확하게 한다.

⑤ 남을 비판하거나 비난하지 않는다.

⑥ 개인적인 행동이나 예외는 없이 동등하게 행동한다.

3) 프로그램의 진행과정

프로그램의 진행 과정은 대개 3단계로 나누어 생각할 수 있다.

① 준비단계

공동체 훈련을 실시하기 위하여 필요한 자료의 준비와 소그룹을 편성하는 일이다. 1개조를 6-12명으로 구성하고 실내 배치를 하고 자리를 정리한다. 그리고 공동체 훈련에 임하는 자세를 갖추기 위하여 기도와 찬양으로 마음을 모은다.

② 활동단계

주어진 과제를 통하여 활동과 체험을 하며, 발표와 감정의 교환 등으로 인간관계를 넓혀 나간다. 아울러 '나'의 인식과 '너'의 수용, 그리고 '우리'라는 공동체 의식을 가지게 되는 과정이다.

발표는 조별로 시계방향으로 돌아가면서 차례대로 하며, 한 사람도 빠지지 말고 한다. 한 사람의 발표가 끝나면 격려의 박수를 3초간 쳐주도록 한다. 조별 활동이 모두 끝나면 조장은 박수를 세 번 쳐서 끝났음을 알린다.

③ 마무리 단계

활동이 끝나고 훈련을 통하여 얻을 수 있는 '의미'를 찾는 과정이다. 서로가 받은 의미를 나누므로 Feed-back을 받아서 강화(reinforcement)시키게 된다. 이때에 지도자는 조원들의 발표를 요약정리하여 본 활동의 의미를 강조하고, 성경을 제시하여 우리의 삶 속에서 하나님의 말씀을 적용하는 것을 돕는다. 다음 그림은 프로그램의 진행과정을 보여준다.

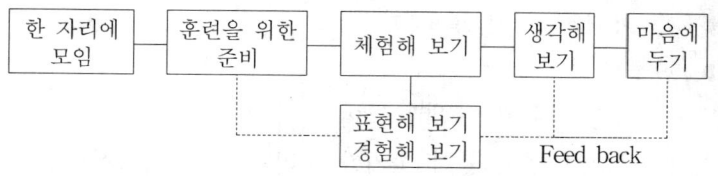

프로그램 1
나를 소개합니다

▶ **목　　표** : 회원 상호간에 가까워지기 위한 활동이다.

▶ **인　　원** : 중집단 체제

▶ **소요시간** : 40분

▶ **준 비 물** : 명찰 및 필기구

▶ **진행방법**

① 명찰에 그림과 같이 기록한다.

② 별칭은 불러 주기를 바라는 것을 기록한다.

③ 명찰을 달고 "당신은 누구십니까?" 노래를 부르면서 조장이 지적하는 사람부터 차례대로 자기의 이름과 별칭을 소개한다.

④ 차례대로 소개가 모두 끝나면 전체 인원이 둥글게 모여서 소개한다(위의 방법으로).

⑤ 전체 소개가 끝나면 서로의 느낀 점을 나눈다.

	제　　　조
이 름	
별 칭	

프로그램 2
희망과 사랑의 선물

▶ **목　　표** : 마음의 선물로써 회원 상호간의 친목과 공동체감을 형성한다.

▶ **인　　원** : 중집단 체제

▶ **소요시간** : 40분

▶ **준 비 물** : 필기구 및 8절 도화지

▶ **진행방법**

① 나누어 준 도화지에 자기 별칭을 기록하고 오른편 사람에게로 돌린다.

② 다음 사람은 별칭의 인물을 확인하고 그에게 주고 싶은 선물을 그림으로 그린다.

③ 그림을 그린 후 다음 사람에게로 돌린다.

④ 차례대로 한바퀴 다 돌아가면서 그린 후 자기의 것이 돌아오면 그림으로 그려진 마음의 선물을 보고 소감을 발표한다.

⑤ 손을 잡고 격려와 감사의 기도를 드리도록 한다.

▶ **주의사항** : 선물은 희망과 사랑을 주는 그림을 그리도록 한다.

프로그램 3
상황토의

▶ **목   표** : 주어진 상황을 토의함으로써 협동심과 의견일치, 그
리고 가치판단의 능력을 길러준다.

▶ **인   원** : 중집단 체제

▶ **소요시간** : 60분

▶ **준 비 물** : 필기구

　　　인류의 종말이 예고된 상황을 가정한다.
생존자 10명 중에서 7명을 수용할 수 있는 보호 캡슐
을 어느 과학자가 만들었다. 10명의 생존자들 중에서
어떤 사람을 제외해야 할까? 인류 최후의 생존자가 될
7명과 생존하지 못할 3명을 의논하여 결정하라.

<10명의 신상명세>
① 과학자 자신　　　　② 외교관　　　　③ 13세의 여중생
④ 올림픽 축구선수　　⑤ 인기정상의 여가수
⑥ 일류대학의 남학생　⑦ 유명한 역사가
⑧ 새삶을 찾은 여죄수(전과3범, 건강하고 센스있음)
⑨ 매우 용감한 경찰관　⑩ 젊은 목사

▶ **진행방법**

　　① 지도자는 다음과 같은 상황문을 낭독해 준다.

　　② 토론이 끝나면 다음과 같은 표에 정리하여 조장이 발
표한다.

③ 이 활동을 통해서 조원들이 느낀 점은 무엇인지 서로
   나누어 본다.

---

1. 캡슐에 탈수 없는 사람 3명과 그 이유는?
   ①
   ②
   ③
2. 캡슐에 탈 7명은 누구이며, 왜 살아야 하는가?
   ①
   ②
   ③
   ④
   ⑤
   ⑥
   ⑦

프로그램 4
N.I.E 활동

▶ **목　　표** : 신문을 이용하여 상황토의를 하면서 이를 기독교
　　　　　　관점에서 해석하고 그 해결점을 찾는다. 이는 참
　　　　　　여자들에게 기독교적인 사고를 갖고 문제를 보도
　　　　　　록 유도하는 것이다.

▶ **인　　원** : 중집단 체제

▶ **소요시간** : 50분

▶ **준 비 물** : 필기구 및 신문 1부씩

▶ **진행방법**

　① 준비한 신문을 보고 관심 있는 기사를 선택한다.

　② 기사를 읽고 언제, 어디서, 누가, 무엇을, 왜, 어떻게의
　　육하원칙에 따라서 내용을 정리한다.

　③ 선택한 사건을 주제로 하여 무엇이 왜 어떻게 잘못되
　　었는지 그리고 어떻게 개선하는 것이 바람직할 것인
　　지에 대하여 기독교적 관점에서 토론하도록 한다.

　④ 조별로 발표한 후에 느낀 점을 나누도록 한다.

▶ **주의사항** : 조편성은 중고등학생 상관없이 각 학년이 골고루
　　　　　　섞이도록 한다.

프로그램 5
10년 후의 우리 교회

▶ **목 표** : 10년 후의 우리 교회가 어떻게 발전하고 변화해야
　　　　　할 것인지에 대하여 관심을 가지고 교회에 대한 사
　　　　　랑과 관심을 가지도록 한다.

▶ **인 원** : 충집단 체제

▶ **소요시간** : 60분

▶ **준 비 물** : 도화지 전지와 크레파스

▶ **진행방법**

　　① 조별로 10년 후의 발전된 우리 교회 모습에 대하여
　　　토의하게 한다.

　　② 나누어 준 모조 전지에 10년 후의 우리 교회의 모습
　　　을 그린다.

　　③ 그림을 다 그린 후 조별로 발표하도록 한다.

▶ **목　표** : 그림지도를 그리는 단순한 과정에서 생기는 의견
충돌과 자신만을 고집하는 사고방식에서 비롯되는
문제를 자신들이 알게 하고, 이 문제 때문에 하나
님의 공동체가 하나되는 데 많은 악영향을 미친다
는 것을 인식하게 한다. 그리고 하나님의 공동체
가 하나되는 일에 자신이 어떤 역할을 해야 하는
지를 알려주는 데 그 목적이 있다.

▶ **준 비 물** : 그림지도 한 장(초등학교 3학년 사회책에 나오는
마을지도), 켄트지 혹은 4절지, 색연필 혹은 싸인
펜, 약간의 음료수 혹은 커피, 그림 설명서(그림
을 설명한 내용으로 12개에서 16개 정도의 문장
으로 만든다. 예 - '학교는 우체국에서 남쪽으로
100미터쯤 가면 있습니다' 등), 편지봉투, 유리테
이프, 설문지.

▶ **장　소** : 대체적으로 실내에서 하는 것이 좋다. 그러나 한적
한 야외도 괜찮다. 단 주변에 나무라든지 그림을
부착할 만한 것이 있어야 한다.

▶ **대　형** : 대형은 조원들이 원을 그리며 앉아 있는 대형.

▶ **찬　양** : 대체적으로 "하나 되었다"라는 제목이나 가사의 내
용이면 좋겠다. 두세 곡 정도 잘 아는 곡으로 선별
하여 준비한다. 리더가 기타나 악기를 연주하면서

진행하는 것이 좋으며, 여의치 않을 경우는 반주자
와 사전에 이야기가 되어서 진행의 흐름에 방해가
되지 않아야 한다.

▶ **방　법**

① 7-9명으로 짜여진 조를 만든다. 조원들은 기존의 조
원이 아닌 그 시간 임의로 짜여진 조원들이면 더욱
좋다.

② 간단한 찬양으로 주위를 환기시키고 기도로 시작한다.

③ 자유스러운 분위기에서 조원들이 자리를 이탈하지 않
게 하고 미리 준비한 음료수(커피)를 나누며 서로의
이야기(자기이름 소개 등)를 하게 한다.

④ 약 5분 정도의 시간이 지난 후에 리더는 조원들을 주
목시키고 오늘 공동체 훈련의 목적을 잠시 이야기 하
고 프로그램을 진행한다.

⑤ 각 조에서 한 명을 임의로 선출하여 앞으로 나오게
하여 그들에게 편지봉투와 캔트지와 싸인펜을 나누어
준다. 그리고 방법을 설명한다.

⑥ 편지봉투 안에 들어있는 지시문대로 지도를 완성시키
면 된다.

* **설　명** : 편지봉투를 개봉하면 약 12장에서 16장으로 구성된
설명문들이 있다. 이 설명문들은 한 단락씩 분리되
어 있다. 이 분리된 설명문을 개인이 1-2장 정도로
나누어 가지고 있다가 서로 이야기를 맞추어 그림
을 그려 나가게 된다. 처음에는 자신의 이야기를
주장하다가 나중에는 서로 가지고 있는 설명문을

모아서 그림을 완성하게 된다. 이때 리더는 그림에
대한 아무런 이야기도 해서는 안되며, 다소 시끄러
워지더라도 조원들이 하는 대로 놔두어야 한다.

⑦ 시간은 약 30분 정도 주고, 시간의 경과를 알려준다.

⑧ 시간이 경과한 후 모든 행동을 중단하게 하고 찬양을
하면서 주위를 환기시키고 리더에게 주목을 시킨다.

⑨ 리더는 각 조에서 임의로 선출된 사람을 다시 불러서
각 조의 그림을 벽이나 나무에 붙이게 한다.

⑩ 리더는 미리 준비된 정답 그림지도를 잘 보이는 곳에
붙여서 각 사람들에게 보여준다. 그리고 조의 그림과
비교해 보고, 무엇이 다른지 설명하게 한다.

⑪ 그림지도를 그리는 것보다 더욱 힘든 것이 공동체의
하나되는 것이라고 설명을 해준다.

⑫ 준비된 설문지를 나누어 주고 기록하게 한다.

⑬ 설문지를 서로 나누어 읽게 하고 그 느낌을 서로 이
야기하게 한다.

⑭ 각 조에서 2-3명 정도를 지적하여 자신이 들고 있는
설문지의 내용과 답을 읽게 한다.

⑮ 주제로 한 찬양을 조용한 가운데 부르면서 마친다.

설 문 지

작성자 :

1. 그림지도 그리기에 가장 많은 영향을 미친 사람은 누구라고 생각하는가?
2. 그림지도 그리기에서 가장 많은 말을 한 사람은 누구인가?
3. 그림지도를 그리는 데 있어 가장 영향을 안 미친 사람은 누구라고 생각하는가?
4. 당신은 그림지도를 그리는 데 있어 몇 퍼센트의 영향력을 미쳤다고 생각하는가?
5. 당신은 그림지도를 그리는 것 뿐 아니라 당신이 속해 있는 공동체에서 얼만큼의 영향력을 미치는가?
6. 당신은 그림지도가 왜 정답과 틀리게 그려졌다고 생각하는가?
7. 당신은 당신이 속해 있는 공동체가 왜 하나되지 못했는지, 또 하나될 수 있는 방법이 있다면 무엇인지 알고 있는가?
8. 만약 위 질문에서 하나되는 방법을 알고 있다면 앞으로 당신은 어떻게 하겠는가?
9. 당신은 당신의 공동체가 하나되기 위해서 당신의 주장을 포기할 수 있는가? 만약 그렇다면 지금 당장 옆의 형제, 자매에게 손을 내밀고 이 문제를 위해 서로 기도하라.

·5 장·

캠프 특별프로그램

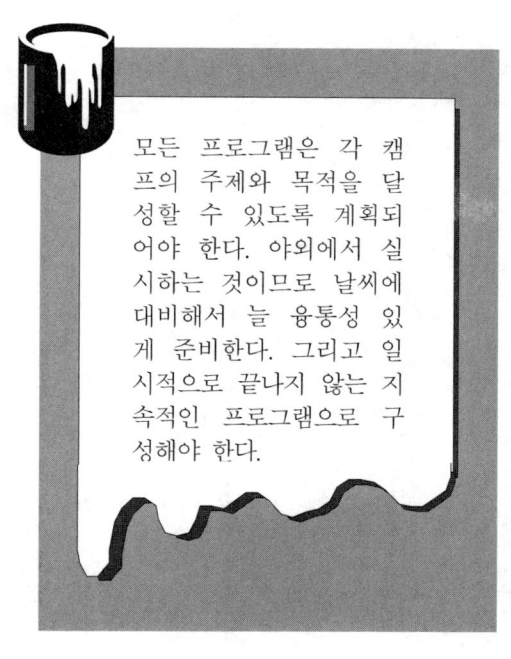

모든 프로그램은 각 캠
프의 주제와 목적을 달
성할 수 있도록 계획되
어야 한다. 야외에서 실
시하는 것이므로 날씨에
대비해서 늘 융통성 있
게 준비한다. 그리고 일
시적으로 끝나지 않는 지
속적인 프로그램으로 구
성해야 한다.

캠프 특별프로그램

1. 캠프 특별프로그램의 목적

1) 영적인 면에서는 복음을 통한 회심과 성령 충만한 승리의 삶을 살며 사랑을 실천하도록 하는 데 있다.
2) 일반적인 면에서는 정신적으로 미개발된 능력을 개발시키며, 지성과 덕성을 함양시키고, 창조적 표현의 기회가 되게 할 뿐만 아니라 열등감, 위축감, 소외감 등에서 전향 내지 보완하게 하여, 그 정신적 결함을 조정해 주는 데 있다.
3) 사회적인 면에서는 친교와 새로운 우정을 나눌 수 있는 기회가 되며, 자존심과 협조심을 개발하고 집단생활의 경험을 고취하여 공동체 의식과 책임감을 높이는 데 있다.
4) 신체적인 면에서도 활동을 통하여 신체운동의 기회를 주며, 규칙적 생활을 통하여 바른 자세를 갖도록 하는 데 있다.

2. 특별프로그램의 원칙

1) 주제 적합성 - 모든 프로그램은 캠프의 주제와 목적을 달성할 수 있도록 계획해야 한다.
2) 대상 적합성 - 참가자들의 흥미와 연령과 지적 수준에 적합한 것이어야 한다.

3) 환경 적합성 - 프로그램을 실시하기 전에 적합한 장소와 환경이 제고되어야 하며, 그러한 장소와 환경에 적합한 프로그램을 계획해야 한다.

4) 자원 적합성 - 프로그램의 실시에 필요한 자료나 자원들이 적합해야 한다. 아무리 훌륭한 프로그램이라도 자료나 재료가 적합하지 않으면 그 효과를 기대할 수 없다.

5) 융통성 - 야외에서 실시하는 프로그램은 예고없이 비가 올 경우를 예상해서 예비 프로그램을 준비하여 진행상 차질이 없도록 한다.

6) 다양성 - 프로그램의 성격이 같은 것으로만 시종 일관되면 싫증을 느끼게 된다. 같은 종류의 프로그램이라도 그 방법을 달리하여 참여를 유도하여야 한다.

7) 연속성 - 캠프의 주제에 적합한 프로그램으로 구성되는 것을 원칙으로 하되, 각 프로그램이 그 프로그램으로 끝나버리는 것이 아니라 모든 프로그램이 하나의 목적을 향하여 연속적으로 계획되어야 한다.

프로그램 1
코너학습

＊ **주의** : 각 방마다 지도교사를 배치하고, 조별로 단체 이동
수업을 한다.

1코너 : 침묵의 방

▶ **성경말씀** : 마태복음 27:14

"한 마디도 대답지 아니하시니 총독이 심히 기이히 여기
더라"

▶ **목　　표** : 혀를 조심하고 필요없는 말을 삼가며 혀로 사람까
지 죽일 수 있다는 점을 주지시킨다. 침묵 속에
하나님과 교제함으로 영적으로 맑음을 느끼게 한
다.

▶ **준 비 물** : 성구 명상을 적은 종이. 스카치 테이프 넓은 것 또
는 반창고.

▶ **진행방법**

1) 방에 들어서면서부터 입을 다물고 침묵 훈련을 한다.
정좌한 자세로 조용히 눈을 감고 5분에서 10분 동안
있는다.

2) 다른 생각을 하지 않게 인도자가 예수님만 생각할 수
있도록 수 있도록 맨트를 넣는 것도 좋다.

3) 묵상을 하는 지체의 이름을 불러 대답할 경우 딴 생
각을 하는 것으로 간주 입에 반창고를 붙인다.

4) 마친 후 "침묵의 시간"에 대해 무슨 생각을 했는지 각자의 느낌을 나눠본다.

2코너 : 말씀의 방

▶ **성경말씀** : 여호수아 1:8
"이 율법책을 네 입에서 떠나지 말게 하며 주야로 그것을 묵상하여 그 가운데 기록한 대로 다 지켜 행하라 그리하면 네 길이 평탄하게 될 것이라 네가 형통하리라"

시편 1:2
"오직 여호와의 율법을 즐거워하여 그 율법을 주야로 묵상하는 자로다"

시편 19:14
"나의 반석이시오 나의 구속자이신 여호와여 내 입의 말과 마음의 묵상이 주의 앞에 열납되기를 원하나이다"

시편 77:12
"또 주의 모든 일을 묵상하며 주의 행사를 깊이 생각하리이다"

▶ **목   표** : 기독교의 묵상은 그저 심령을 비우는 것이 아니라 성령으로 채우기 위한 노력이다. 내면을 온전한 말씀으로 채울 때 이 시대의 빛과 소금의 사역을 감당할 수 있다.

▶ **진행방법**
1) 무릎을 꿇고 정신을 집중하게 한다.

2) 지도교사의 지도로 조용한 찬송을 부른 후, 말씀에
   따른 Q.T를 한다.
3) 올바른 적용을 위해 기도한다.

3코너 : 고백의 방

▶ **말 씀** : 잠언 10:19
"말이 많으면 허물을 면키 어려우나 그 입술을 제어하는
자는 지혜가 있느니라"

▶ **목 표** : 실제 생활에서 하나님과 사람 앞에 서로의 고백 훈련
이 잘 되지 않기 때문에 오해와 갈등의 불씨가 생기
게 된다. 특히 신앙 생활에서 예수를 구주로 고백하
는 훈련이 되어 있지 않을 때 죄의 유혹에 빠지게 된
다. 우리의 위선을 버리고 자기의 신실한 모습을 나
타내는 고백 훈련은 온전한 그리스도인을 이루고 그
리스도의 장성한 믿음의 분량에 이르도록 도와준다.

▶ **준 비 물** : 모조 전지

▶ **진행방법**
   1) 모조 전지에 미리 아래와 같은 문장을 기록하여 준비
   한다.

   가. 믿습니다.   나. 감사합니다.

   다. 미안합니다.   라. 죄송합니다.

   마. 샬롬   바. 승리하세요.

   사. 사랑해요.   아. 저는 죄인입니다.

   자. 예수님이 필요해요. 차. 정말 기뻐요.

   카. 저 때문입니다.

2) 위의 낱말들을 가지고 2인 1조가 되어 서로 고백하도록 한다.

3) 고백하는 말을 듣고 그 느낌을 나누어 봅시다.

4코너 : 예배의 방

▶ 목　표 : 예배의 모범을 통하여 하나님께 산제사를 드리며 말씀에 대한 응답의 감사 표현을 하게 한다. 아울러 본 예배에서 다같이 함께 준비하고 드리는 공동체 예배를 체험케 한다.

▶ 준 비 물 : 예배의 순서표(전지에 기록), 헌금함, 강대상 및 의자, 피아노, 기타악기.

▶ 진행방법:

1) 3코너까지 마치면 모두 모여서 예배의 시간을 갖는다.

2) 조별로 다음과 같이 미리 예배담당을 정하여 준비한다.

　　A ― 그룹(말씀 준비)

　　B ― 그룹(성가대 운영)

　　C ― 그룹(기도문 계획)

　　D ― 그룹(예배준비)

3) 예배를 주제에 맞추어 모든 순서를 계획하도록 한다.

4) 모두 준비되었으면 자리를 정하여 실제 예배를 경건하게 드린다.

프로그램 2
성경 인물 주사위 놀이

▶ **목　　적** : 학생들이 성경에서 정보를 발견하고 복습하게 한다.

▶ **장　　소** : 운동장

▶ **준 비 물** : 윷판, 지시판

▶ **대　　형** : 조별대항 지시판 만들기

1) 운동장에 주사위 판을 윷판과 같이 그린다.

2) 주사위 판에는 벌칙을 받을 곳을 정하고, 성경 인물과 함께 다음과 같은 주문을 기록하여 둔다. 지시판은 가로 30㎝, 세로 20㎝ 합판지에 땅에 꽂을 수 있도록 만든다.

예) 모세 - 5칸 앞으로, 여호수아 - 3칸 앞으로,

아간 - 5칸 뒤로 등등.

3) 주사위는 스치로플 박스로 2개를 준비한다(냉동식품용). 하나는 빨간색으로, 하나는 검은색으로 표시한다. 검은색은 전진, 빨간색은 후퇴를 의미한다.

▶ **방　　법**

1) 각 팀에서 말이 될 사람 한 명을 정한다.

2) 2-4조씩 함께할 수 있다. 가위바위보로 주사위를 던질 순서를 정한다.

3) 말이 된 사람 이외의 팀 멤버가 주사위를 던져 말이 된 사람은 2개의 주사위의 합계 수만큼 전진한다.

4) 위에서 상징 인물 표시판에 이르면 기록되어진 벌칙

을 수행해야 한다.

* 변 형 / 성경퀴즈 윷놀이

1. 성경퀴즈를 맞추면 전진, 못 맞추면 후퇴한다.

2. 찬스나 보너스 점수도 줄 수 있다.

3. 점수는 문제별로 부여한다.

4. 조별로 한 명이 말이 되고, 나머지는 퀴즈를 푼다.

프로그램 3
엠마오로 가는 길

▶ **목　적** : 서로에 대해 자세히 알게 된다.

▶ **방　법**

① 두 명씩 조를 짠다(선후배나 남녀로 조를 짜면 좋다).

② 목적지까지 서로 대화를 하는데 제3자가 끼지 않는 것을 원칙으로 한다.

③ 대화 내용은 가족관계, 별명, 미래의 모습, 취미, 전화번호, 신앙동기 등 상대방의 모든 것을 대화의 내용으로 삼는다. 대화 내용은 미리 나눠 준 메모지에 자세히 적는다.

④ 목적지에 도착하면 두 손을 잡고 기도회를 가진다. 기도회가 끝나면 상대방과 대화를 나눈 내용을 확인하며 잘한 조에게는 상품을 준다.

▶ **주의사항**

① 교사는 장소를 미리 답사하고 총 소요시간을 체크한다.

② 조 편성시 서로 잘 알고 있는 친구끼리 짜지 말고 새로운 친구를 만날 수 있는 계기를 마련해 준다.

③ 준비된 메모지와 펜을 나눠 준다.

④ 마지막은 다함께 축구를 하거나, 아니면 남자는 축구, 여자는 길거리 농구를 하는 것도 남녀 서로 각자 단합의 중요한 계기가 될 것이다.

<메모지의 예>

항 목	내 용	기 타
가족사항	아빠, 엄마, 2남매 중 누나	동생은 초등학교 6학년
키	154㎝	중1 이후 자라지 않음
신앙동기	친구의 권유(전도)	친구 엄선정(중 2)

감춰진 보물 찾기

▶ 목   적 : 성경 말씀을 찾음으로 성경지식에 대한 향상과 조
            별 협동심을 기른다.

▶ 준 비 물 : 성경

▶ 방   법

　　① 말 그대로 성경 속에 있는 특수한 낱말을 다함께 찾
　　　는 게임이다.

　　② 조편성을 따로 하든지 아니면 학년, 반별로 해도 무방
　　　하다.

　　③ 행사 담당자가 부르는 단어를 성경에서 찾는다.

　　④ 이때 조원 중 한 명은 기록을 담당한다.

　　⑤ 기록용지에 각 조원이 부른 성구를 찾은 순서대로 적
　　　는다.

　　⑥ 가장 많이 찾는 조가 우승한다.

▶ 주의사항

　　① 각 조원을 비슷한 숫자로 한다.

　　② 교사는 도와주지 않는다.

　　③ 정한 시간까지 한다(20분 또는 30분).

　　④ 기록용지를 미리 작성 배포한다.

<기록용지 작성법>

보물	성경	성 경 구 절
사랑	요 3:16	하나님이 세상을 이처럼 **사랑**하사...
	요 21:15	...요한의 아들 시몬아 네가 이 사람들보다 나를 더 **사랑**...
증인	행 3:15	...우리가 이 일에 **증인**이로다.

프로그램 5
문화알기 강좌

▶ **목   적** : 세상 문화 속에 감춰진 하나님의 무궁한 창조의
아름다움을 발견하여 성숙한 그리스도인이 되도
록 하는 데 있다. 또한 학생으로 하여금 숨겨진
자신의 달란트를 발견하도록 도와준다.

▶ **준 비 물** : 관련자료 스크랩, 슬라이드 자료, 화이트보드나 칠
판

▶ **방   법**

① 음대나 미대 또는 컴퓨터 관련학과, 사진, 영화부문
전공자를 미리 선정하여 특강을 준비하도록 한다.

② 전공자를 중심으로 한 주제를 잡아 강의한다. 예를 들
어 미술이라면 예수의 탄생을 중심으로 미술사의 전
환점을 이루게 된 미술사 이야기, 미술감상법, 인사동
갤러리(전시장) 활용법 등 학생들에게 유익한 문화
정보와 문화관을 심어주는 데 목적을 두고 강의를 한
다.

③ 미리 준비한 자료를 슬라이드 필름으로 제작하여 상
영하는 것도 좋다. 그렇지 못할 때는 자료를 준비시
킨다.

④ 학생들이 질의 응답을 통해 학생 스스로 문화에 대한
긍정적인 자세를 갖고 하나님의 도구로써 바람직하게
사용할 것을 권고하는 것도 잊지 않는다.

▶ 주의사항
    ① 주의가 산만해지지 않도록 가능한 짧게 강의한다.
    ② 철저하게 준비하도록 한다(시각자료 및 기록자료 등).
    ③ 담당할 적임자가 없을 때는 기독교문화 단체에 문의
       하여 협조를 구한다.

프로그램 6
이삭 줍기 헌금

▶ 목　적 : 이웃에 대한 사랑을 베푸는 기쁨을 맛보게 한다.

▶ 방　법

① 수련회 1개월 전에 미리 광고와 함께 헌금 요령을 게시판에 전시 및 홍보한다. 한 달 동안 십일조가 아닌 논밭의 이삭처럼 뜻하지 않게 생긴 돈을 저금한다. 예를 들어 엄마 심부름을 하여 생긴 돈, 친척이 와서 용돈 하라고 준 돈, 아빠 구두를 닦아드리고 받은 돈 등을 모아 저금통에 저축하여 모두 한꺼번에 가져와 헌금의 시간을 갖고 몇 사람이 헌금 내역을 간증으로 발표한다.

② 저금통은 200㎖의 우유팩을 깨끗이 씻어서 말린 후 풀로 입구를 막은 뒤 동전 입구를 만든다.

③ 저금시 헌금내역에 대한 사연을 메모한다.

④ 헌금의 합산을 계수한 뒤 이 금액을 가지고 어떻게 활용할 것인지 조별로 토론하여 결정하도록 한다.

프로그램 7
찬양의 축제

▶ **목　적** : 천국잔치는 바로 믿음으로 수고하고 노력한 자들에게 주는 상급이며, 동시에 기쁨이라는 것을 깨닫게 한다.

▶ **방　법**

① 모든 행사를 마치고 그 동안 수고한 모든 자들을 위로 하는 잔치로서 찬양과 시상, 다과회를 통한 반별 친목을 도모하는 순서로 진행한다.

② 준비된 찬양을 통해 찬양의 열기를 만끽하도록 한다 (가급적 교회의 모든 악기를 동원하며, 이를 위해 찬양 사역자를 주축으로 준비한다).

④ 수련회 조별 성적표의 점수를 계산한다.

⑤ 최고 점수를 받은 조별로 시상한다.

⑥ 모든 행사에서 좋은 점수는 아니지만 최선의 노력을 하여 눈에 띄는 학생을 MVP로 4명 정도 주최측에서 선정 시상한다.

⑦ 조별로 모여 준비된 과자와 음료를 먹으며 친목을 다진다.

▶ **주의사항**

① 매 행사가 끝난 뒤 조장이 직접 점수를 기재한다.

② 0점에서 10점까지 자신이 노력과 최선에 따라 선한 양심으로 기록하도록 권한다.

프로그램 8
찬양예배

주제 : 하나되게 하소서, 사랑하게 하소서

이 시간은 서로의 마음을 열고 진솔하게 서로를 위해 얘기를 나누는 시간입니다. 그 동안 서먹했던 마음의 장벽을 없애고 성령의 매는 줄로 우리 모두 하나가 됩시다.

※ 예배로 부름

왕이신 나의 하나님이여 내가 주를 높이고 영원히 주의 이름을 송축하나이다. 내가 날마다 주를 송축하며 영영히 주의 이름을 송축하리이다. 해 돋는 데서부터 해 지는 데까지 여호와의 이름을 찬양드리옵니다. 우리에게 향하신 여호와의 인자하심이 크시며 진실하심이 영원함이로다. 할렐루야.

※ 기원(교독) —— 다같이

우주 만물의 창조주이신 하나님!
　　주님께서는 저희들을 주님의 형상대로 지으셨습니다.
주님은 우리를 남자와 여자로 창조하셨으며
　　주님은 우리의 연합과 화합을 원하셨습니다.
주님은 이 땅의 관리권을 우리에게 맡기시고
　　우리의 모든 후손에게 복 주시기로 약속하셨습니다.
주님은 우리를 이 땅의 선한 일꾼으로 부르셨으며
　　주님의 거룩한 창조와 구원의 역사에 동참하도록 하셨습니다.

주님은 우리에게 주님을 아는 통찰력을 주셨으며

우리로 영광을 찬양할 수 있는 능력을 주셨습니다.

동료 피조물들과 더불어 사는 지혜를 주셨으며

갈라진 지체들과 하나되게 하는 사랑을 주셨습니다.

우리 몸을 온전히 당신께 바치는 기쁨을 주셨으며

연약한 믿음과 지식이 날로 장성할 수 있게 하셨습니다.

오 하나님! 주님께서 이토록 놀라운 은총의 길로 우리를 부르시어

주님의 존재와 지식과 기쁨에 동참하게 하시니

(다함께) 우리가 가진 가장 소중한 것을 드려 주님을 찬양합니다.

　　　　　할렐루야.

※ 경배찬송 —— 다같이

※ 죄의 고백(교독) —— 다같이

사회자 : 주여! 우리의 죄를 용서하소서.

회　중 : 땅 끝까지 주님을 알리고 주님의 복음을 전하는 일에 소홀했습니다.

　　　　주여! 우리의 죄를 용서하소서.

　　　　일치와 화해의 중보자가 되지 못하고 분열과 갈등을 방관했습니다.

　　　　주여! 우리의 죄를 용서하소서.

　　　　친구가 고통 가운데 있을 때도, 모든 피조물이 고통 당하고 있음에도 저희는 눈 감아 버렸습니다.

　　　　주여! 우리의 죄를 용서하소서.

　　　　나의 이기적인 욕망에 사로잡혀 섬김과 나눔의 삶을 살지 못했습니다.

　　　　주여! 우리의 죄를 용서하소서.

　　　　부모님의 말씀에 순종치 못할 때가 많고, 선생님의 관심을 잔소리로만 여겼습니다

　　　　주여! 우리의 죄를 용서하소서.

하나님의 사람으로서 마땅히 져야 할 십자가를 외면했습니다.
주여! 우리의 죄를 용서하소서.
또한 우리에게 새 희망과 새 기운을 불어 넣어 주셔서
다함께 : 우리가 당신의 은총 속에서 다시 일어서게 하소서.
예수 그리스도의 이름으로 기도합니다. 아멘

※ 용서 선언 ── 인도자

"누구든지 그리스도 안에 있으면 그는 새로운 피조물입니다. 옛 것
은 지나갔습니다. 보십시오. 새 것이 되었습니다."

(고린도후서 5:17)

※ 사죄에 응답하는 송영 ── 다같이

※ 은총을 구하는 기도 ── 다같이

하나님을 목마르게 사모합니다.
헤아릴 수 없는 상처를 낳는 삶의 고통으로부터
하나님께서는 우리를 해방하고, 위로하며,
치유하기를 원하십니다.
주 예수 그리스도여,
당신의 성령을 세상에 보내사
우리에게 용기를 주시고,
주님의 참 사랑을 나누게 하소서.
하나님의 사랑을 목마르게 사모합니다.
증오가 넘치고 전쟁이 난무하는 인간의 현실을
하나님께서는 용서하고, 화해시키며, 구원하기를 원하십니다.
주 예수 그리스도여,
당신의 성령을 교회에 보내사,
교회가 생명의 호흡으로 살아 숨쉬게 하시고,

주님의 사랑을 나누는 샘물이 되게 하소서.
진정한 평화를 목마르게 사모합니다.
절망과 비탄으로 찢겨진 세상에서
하나님께서는 평화와 승리로
하늘나라의 문을 열어 주시기를 원하십니다.
주 예수 그리스도여,
당신의 성령을 우리 각 사람에게 보내사,
우리에게 평화를 주시고,
우리가 성숙한 주의 백성으로 우뚝 서게 하소서.
(함께) 주 예수 그리스도의 이름으로 기도합니다. 아멘.

※ **말씀묵상** —— 시편 25편, 마태복음 4:18-20 —— 사회자 낭독
※ **말씀을 새기는 찬송** —— 다같이
※ **주기도** —— 다같이
※ **평화의 인사** —— 다같이
("주님의 평화를 빕니다"라고 말하며 옆 사람과 악수와 포옹으
로 평화의 인사를 나눈다.)

프로그램 9
야외 음악회

▶ **계　획** : 홍보, 초대, 야외무대 설치, 상품 등
▶ **인기 연예인과 함께** : 인기 복음송 가수나 연예인을 초청하여 이웃과 함께하는 시간을 마련한다.
▶ **노래자랑대회** : 야외 무대에서 이웃과 함께하는 자리를 마련하여 어린이들과 학생들의 노래와 율동을 보여주고, 노래자랑 대회를 통하여 모두가 참여하는 시간을 갖도록 한다.

프로그램 10
위문 활동

▶ **목 적** : 이웃의 어려운 형편 이해하기

▶ **방 법**

대 상 - 이웃에 있는 고아원이나 양로원 또는 병원을 정한다.

프로그램 - 고아원이나 양로원을 방문하여 어떻게 위로 할 것인지를 결정한다.

준 비 물 - 그들을 방문할 때에 무엇을 가지고 갈 것인 지를 결정한다.

모금활동 - 필요한 물건들을 어떻게 모을 것인가를 결정 한다.

프로그램 11
견학

▶ 목　　적 : 사회와 국가를 위하여 일하는 사람들을 이해하기

▶ 방　　법

- 동사무소, 회사나 공장, 우체국, 방송국, 소방서 등의 장소를 결정한다. 사전에 견학하고자 하는 곳과 연락하여 허락을 얻어 둔다.

- 일시, 참여대상, 인원수, 알고자 하는 내용, 안내요청 등을 미리 청탁한다.

- 학생들은 필기구를 준비하여 견학하는 곳에서 어떠한 일을 하며, 우리들과의 관계를 이해하도록 한다.

- 돌아와서 각자가 기록한 것을 발표하고 느낀 점 등을 나눈다.

프로그램 12
해변 올림픽

1. 모래조각전 - 조별로 모래를 이용하여 조각을 한다.
2. 모래 위의 족구대회
3. 수중피구
4. 조개껍질 탑 쌓기
   - 조별로 조개껍질을 이용하여 가장 많이 높이 쌓기
5. 조개껍질 공예전
   - 접착제를 이용하여 조개껍질로 여러 가지 공예품을 만들거나 샌드페퍼로 갈고 깎아서 목걸이 만들기 등
6. 고기나 조개 줍기

작은 운동회

▶ 목   적 : 체력단련과 학생들의 모습을 다른 사람들에게 보
여줌으로써 긍정적인 반응을 갖도록 한다.

▶ 방   법

- 전체 인원을 청군과 백군, 또는 바울과 베드로팀, 사랑
과 믿음팀 등으로 나눈다.
- 프로그램을 결정하고, 진행에 필요한 준비물을 준비한
다.
- 진행순서는 다음과 같다.
    ① 선수입장 - 각 팀 응원가 또는 각 팀이 정한 복음
    송을 부르면서 입장한다.
    ② 개 회 식 - 부장선생님이 대회를 선언한다.
    ③ 대회진행 - 정해진 순서에 의하여 진행한다.
    ④ 시 상 식 - 기념품을 나누어 준다.
- 프로그램의 내용으로는 다음과 같은 것을 할 수 있다.
    ① 팀 대항
    ② 학년별 대항
    ③ 개인 대항

▶ 게임의 종목

1. 미이라 만들기

① 인 원 : 각 팀 2인 1조 1쌍(미이라 1인, 만드는 사람 1인)

② 준비물 : 화장지 팀당 1개(조금 많이 감긴 것), 경쾌한 음악,
시계
④ 대　형 : 자기 팀을 바라보고 선 자유형
⑤ 지　도
- 선수들을 팀 앞에 대기시킨 후 화장지를 하나씩 나누어
준다.
- 한 사람을 차렷 자세로 세우고 한 사람은 화장지로 머리
부터 신체의 어느 한 곳도 보이지 않게 돌려가며 감아
내려 온다(입만 내놓는다).
- 시간을 정해 놓고 그 시간 안에 미이라를 만들도록 요구
한다.
- 모두 끝났으면 미이라를 그 자리에서 풀어지는가의 여부
를 검사한다(풀어지면 점수를 감점시킨다).
- 정해진 시간에 풀어지지 않고 예쁘게 미이라를 만든 팀
에게 승리를 준다.

2. 농구게임(숫! 골인)

① 인　원 : 팀 대표 1-5인
② 준비물 : 탁구공 또는 작은 공 여러 개, 휴지통(팀당 1개),
바운드 판, 끈
⑤ 대　형 : 바운드 판을 앞으로 한 자유형
⑥ 지　도
- 먼저 팀 앞에 바운드 판을 놓고(나무판이나 공이 튕길
수 있는 판이면 아무거나 좋다), 팀 대표 한 사람씩을
선발하여 서게 한 후 준비한 휴지통을 끈을 사용하여 몸

에 묶게 한다(등 뒤에).

- 선수들은 '시작'신호와 함께 공을 바운드 판에 크게 바운드시킨 후에 몸을 한 바퀴 빨리 돌려 등에 차고 있는 휴지통에 골인시킨다.
- 30초 이내로 제한 시간을 주고 교대하여 많이 들어간 팀이 승리하게 된다.
- 만일 끈이 풀어져 공이 쏟아져 버린 것은 무효이다.
- 공이 골인될 때마다 치는 박수소리와 공을 받기 위해 엉덩이를 움직이는 모습을 보며 터트리는 웃음 소리가 분위기를 더욱 고조시킨다.

3. 원 바운드 게임

① 인 원 : 팀 대표 1-5인
② 준비물 : 탁구공 여러 개, 탁구공이 들어갈 수 있는 컵이나 그릇, 바운드 시킬 판
③ 대 형 : 팀으로 나누어 선 목표물 집중형
④ 지 도
- 지도자는 먼저 그릇에 점수를 매긴 후 게임라인 2-3m 전방에 자유롭게 진열해 놓는다(컵이나 그릇이 작을 수록 배점율을 높인다).
- 다음 그릇이 놓인 전방 50-70cm 정도 전방에 공이 바운드 되기 좋은 바운드 판을 갖다 놓는다.
- 지도자의 '시작'신호와 함께 공을 하나씩 던져 바운드판에 원 바운드시켜 공을 그릇에 골인시킨다.
- 그릇에 들어간 배점수를 합산하여 승부를 결정한다.

4. 균형잡기

① 인 원 : 각 팀 대표 1-3인(2-4팀)
② 준비물 : 공 또는 과일(선수 수에 맞춰서),
　　　　　　긴 끈이나 줄넘기(또는 수건)
③ 대 형 : 팀 대표끼리 마주보고 선 대형.
④ 지 도
  - 팀 대표끼리 마주보고 서게 한 후, 끈을 나누어 주고 서
    로 마주잡게 한다.
  - 다음 선수들 오른 발을 들고 서게 한 후 왼손을 펴서 그
    위에 공이나 과일을 하나씩 올려 놓는다.
  - 준비가 되면 시작 신호와 함께 잡고 있는 끈을 끌고 밀
    고하여 상대방의 균형을 무너뜨린다.
  - 손에 들고 있는 것이 떨어지거나 발을 짚거나 넘어지면
    지게 된다(손에 들고 있는 것을 쥐어도 진다).
  - 리그전이나 토너먼트로 해도 좋다.

5. 다리 줄이기

① 인 원 : 각 팀 대표 5명
② 준비물 : 없음
③ 지 도
  - 각 조별로 대표선수 5명씩 선발한다.
  - 사회자가 '다리 아홉'에서 시작하여 '다리 하나'까지 부
    른다.
  - 만약 사회자가 '다리 여섯' 하면, 5명의 다리 10개에서 4

개를 들어야 한다.

- '다리 하나'까지 가장 많이 다리를 줄인 팀이 승리한다.

6. 사탄아 물러가라

① 인　원 : 팀 전원
② 준비물 : 밀가루가 들어 있는 풍선 여러 개
③ 지　도
- 밀가루가 들어 있는 풍선 여러 개를 공중에 띄우고 각 팀별로 서로 쳐서 다른 팀으로 보내는 게임
- 이때 풍선이 터지거나 바닥에 떨어지면, 또는 마지막까지 풍선이 많이 떠 있는 팀은 지는 팀이다.

7. 훌랄라 훌라

① 인　원 : 각 팀 대표(남녀 2인 1조)
② 준비물 : 고무밴드
③ 지　도
- 다같이 훌랄라 훌라 노래를 부르다가 마지막 랄랄라 부분을 가위, 바위, 보로 바꾸어 부른 후 각 팀 남자 대표가 소림사 권법으로 가위, 바위, 보를 한다.
- 이때 지는 팀 남자 선수의 머리를 상대편 여자 선수가 고무밴드를 예쁘게 묶어 준다.

8. 빨리 마셔!

① 인　원 : 각 팀 5인 1조(또는 남녀 2인 1조)
② 준비물 : 음료수(콜라, 사이다) 팀당 5병(또는 2인 1조당 1병),

빨대(수에 맞추어서), 큰 그릇 팀당 1개(음료수 부을
수 있는 크기)

③ 지　도
- 지도자는 먼저 그릇에 음료수를 부어놓고 선수 각자에게
빨대 하나씩을 나누어 준다.
- 선수들은 자기 팀의 그릇에 부어놓은 음료수에 빨대를
꽂고 지도자의 신호를 기다린다.
- 지도자는 시간을 정해 놓고(약 10-20초 정도) '시작' 신
호와 함께 모든 선수들은 자기 팀의 음료수를 빨아 마셔
야 하는 게임이다.
- 정해진 시간 내에 가장 많이 빨아 마신 팀이 이긴다.
* 응　용 : 2인 1조를 할 시에는 음료수 병 하나에 빨대를 꽂아 서
로 얼굴을 맞대어 빨아 마시게 해도 재미있다. 이때에
는 여러 조를 동시에 시켜도 좋다.

·6 장·

캠프 이성교육
프로그램

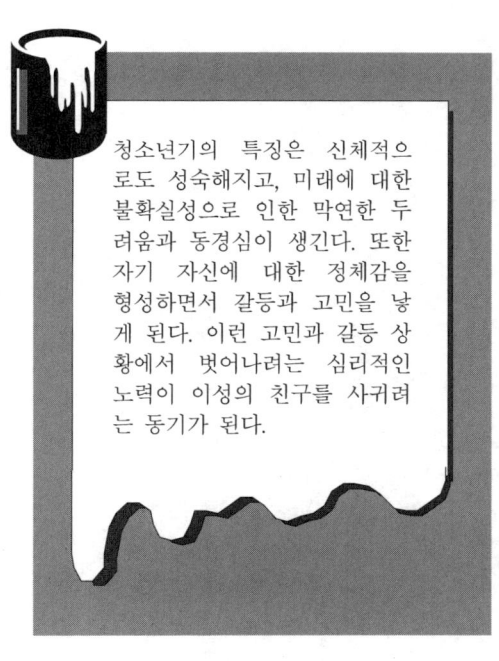

청소년기의 특징은 신체적으로도 성숙해지고, 미래에 대한 불확실성으로 인한 막연한 두려움과 동경심이 생긴다. 또한 자기 자신에 대한 정체감을 형성하면서 갈등과 고민을 낳게 된다. 이런 고민과 갈등 상황에서 벗어나려는 심리적인 노력이 이성의 친구를 사귀려는 동기가 된다.

이성 친구를 사귀고 싶어요

저는 중학교 1학년인데, 저에게 요사이 좋아하는 남자친구가 생겼어요. 근데 어떤 입이 가벼운 아이에게 알려져서 우리 반이 다 알게 되었고, 그 애한테도 알려지게 되었어요. 근데 그 애는 전혀 신경을 쓰지 않는 것 같고 다른 여자아이를 좋아하는 것 같아요. 난 걔 때문에 공부도 잘 안 돼요. 어떻게 하죠?

♣ 생각하기

1. 자신이 좋아하는 여학생이나 남학생이 있는가?
2. 남자아이가 자기를 좋아한다고 할 때 느낌이 어떠한가?
3. 이성의 친구를 사귀는 것이 나쁜 일이라고 생각할 때가 있는가?
4. 이성교제는 어떻게 하는 것이 올바른 것이라고 생각하는가?
5. 어떤 때에 이성의 친구가 좋은가?
6. 남자나 여자 앞에 서면 괜히 떨리고 부끄러워지는가?
7. 외출할 때 거울을 자주 보고, 관심을 가져주길 바라는가?

1. 이성의 친구를 사귀고 싶은 이유는?

사춘기가 되면 누군가가 그립고 기다려지고 만나고 싶은 감정이 생기게 됩니다. 한편으로는 혼자이고 외롭다는 느낌도 가지게 됩니다. 엄마도 아빠도 전과 같이 다정하지 않은 것 같고, 오히려 이성의 친구에게 무엇인가 얘기를 해야만 할 것 같고, 이성의 친구만이 내 마음을 채워줄 것 같습니다.

이성에 눈을 뜨기 시작하면 처음에는 부끄럽고 쑥스러워서 서로의 눈길을 피하게 됩니다. 그냥 바라만 보아도 기분이 좋고, 어쩌다 한번 눈이라도 마주치면 가슴이 방망이질을 합니다. 그러나 차츰 적극적으로 다가서게 되고, 관심을 끄는 행동을 하게 됩니다.

청소년기는 신체적으로 성숙해지면서 미래에 대한 불확실성과 막연한 두려움, 그리고 동경심이 생깁니다. 또한 자기 자신에 대한 정체감을 형성하면서 앞으로의 진로와 직업 등에 대하여 관심을 가지게 됩니다. 이러한 여러 가지 복잡한 상황은 갈등과 고민을 낳게 되며, 이런 고민과 갈등 상황에서 벗어나려는 심리적인 노력이 일어나는데, 그 방향이 이성에 대한 감정의 발달과 함께 이성에 의하여 해소하려는 경향입니다. 이것이 이성의 친구를 사귀려는 동기가 됩니다.

그러므로 사춘기에 좋은 이성의 친구를 만나는 것은 매우 소중한 것입니다. 때로는 이성의 친구를 사귈 능력이 없어서 동성의 친구를 사귀는 경우도 있는데, 이때 자신이 경험하고 있는 갈등과 고민거리를 건설적이고 긍정적인 방향으로 의논할 수 없는 소위 질이 좋지 않은 친구를 만나게 되면 더 큰 어려움을 겪게 될 수도 있습니다.

갈등과 고민을 풀고 싶은 욕구가 이성에 대한 관심으로 전환될 때 자칫 절제할 수 없는 경우도 생깁니다. 이성의 친구든 동성의 친구든 어디까지나 친구로서의 관계를 유지하고, 서로 도움을 주는 관계가 되도록 노력해야 합니다.

2. 이성의 친구는 어떻게 사귈까요?

성경은 친구에 대하여 여러 가지 교훈을 하고 있습니다.

"친구는 사랑이 끊이지 아니하고"(잠 17:17)
"많은 친구를 얻는 자는 해를 당하게 되거니와 어떤 친구는 형제보
다 친밀하니라"(잠 18:24)
"재물은 많은 친구를 더하게 하나 가난한즉 친구가 끊어지느니라"(잠
19:4)
"너그러운 사람에게는 은혜를 구하는 자가 많고 선물을 주기를 좋아
하는 자에게는 사람마다 친구가 되느니라"(잠 19:6)

우리 속담에 '친구 따라 강남 간다'는 말이 있듯이, 좋은 친구
를 사귀면 좋은 일이, 나쁜 친구를 사귀면 나쁜 일이 자신에게 생
긴다는 사실을 알아야 합니다. 이성의 친구를 사귀고 싶으면 먼저
부모에게 그 친구를 소개하는 것이 좋습니다. 대개의 경우 이성의
친구를 사귀게 되면 무슨 큰 비밀이라도 생긴 것같이 쉬쉬하면서
몰래 만나고, 몰래 편지를 주고받습니다.

남자 친구들과 여자 친구들은 모두 주님 안에서 형제와 자매
관계입니다. 나이 많은 사람은 오빠나 누나가 되고, 나이 작은 사
람은 동생이 됩니다. 기독 학생들의 이성교제는 주님 안에서 형제
자매로서의 사귐입니다. 숨김이 있어서는 안됩니다. 서로 기도해
줄 수 있고, 함께 하나님께 예배드릴 수 있는 관계이기 때문입니

다. 만일 이성교제에 있어서 부모나 선생님의 눈을 속이려 한다면 이미 그것은 건전한 사귐이 되지 못하는 것입니다.

성경은 죄악의 세상을 어두움으로 비유하였고, 구원의 삶을 빛으로 비유하였습니다.

"그 정죄는 이것이니 곧 빛이 세상에 왔으되 사람들이 자기 행위가 악하므로 빛보다 어두움을 더 사랑한 것이니라"(요 3:19)

"예수께서 또 일러 가라사대 나는 세상의 빛이니 나를 따르는 자는 어두움에 다니지 아니하고 생명의 빛을 얻으리라"(요 8:12)

특히 친구의 사귐에 대하여서는 다음처럼 명확히 말하고 있습니다.

"너희는 믿지 않는 자와 멍에를 같이 하지 말라 의와 불법이 어찌 함께 하며 빛과 어두움이 어찌 사귀며"(고후 6:14)

어두움은 숨기려는 현실을 말합니다. 어두움 속에서는 갖가지 죄악과 부패(룸살롱, 음란 주점, 퇴폐노래방, 음란 폰팅, 매춘) 등 추한 것들이 차고 넘칩니다. 이성교제는 어두움에서 하는 것이 아니라 밝은 곳에서, 주님의 사랑 안에서 하는 것입니다.

만일 이성의 친구를 이성으로만 생각하고, 성적 호기심에서만 사귀려고 한다면 그 교제는 불행할 결과를 가져오게 됩니다. 흔히 말하는 연애하는 것보다는 함께 생각하고 고민을 나눌 수 있는 대상으로 사귈 때에 여러분의 앞길이 밝게 빛날 것입니다.

* 좋은 친구의 조건

1. 친구의 장점을 발견하여 격려하고, 단점을 고쳐주려고 노력하는 마음.
2. 친구의 갈등이나 고민을 이해하고 함께 해결하려고 애쓰는 마음.
3. 즐거운 일이나 괴로운 일도 함께하려고 힘쓰는 마음.
4. 친구에 대하여 예절을 지키려는 마음.
5. 친구의 인격을 존중하는 마음.

♣ 토의문제

1. 어떤 친구가 가장 이상적인 이성 친구인가?
2. 어떤 친구가 나에게 가장 좋은 친구라고 생각되는가?
3. 이성 친구를 사귈 때 부모님께 어떤 도움을 받을 수 있는가?
4. 잘못된 이성관계는 어떤 것을 말하는가?
5. 내가 사귀는 이성 친구를 부모님이 반대하면 어떻게 할 것인가?

이성교육 · 2

성폭행, 어떻게 생각합니까?

중학교에 다니는 여학생인데 요즘 신문이나 TV에서 성폭행에 대해서 자주 보고하는 것을 보게 됩니다. 하지만 성폭행이 과연 얼마나 나쁜 것인지, 성폭행을 당한 사람은 그로 인해 얼마나 피해를 입는다는 것인지에 대해서는 알려주지 않습니다. 요즘 집에 늦게 들어갈 때가 많은데 그 때마다 엄마는 걱정을 많이 하십니다. 도대체 왜 그렇게 걱정을 하시는 건지 어느 때는 답답하기만 합니다.

1. 성폭행이란?

성폭행이란 상대방의 허락없이 강제로 성적인 관계를 강요하거나 하는 행동을 말합니다. 따라서 폭행자가 나쁜 것은 더 말할 필요없지만 피해자도 만반의 경계를 해야 합니다. 요즘처럼 성폭행이 흔할수록 자신의 몸은 스스로 지키겠다는 마음가짐이 예방의 지름길입니다.

한국성폭력상담소의 '96년도 상담현황 보고서'에 따르면, 한 해 동안 성폭력과 관련한 상담건수는 모두 1천7백79건, 이중 미성년자 성폭력 피해상담은 1천20건이었다고 합니다. 미성년자 성폭력 피해상담은 95년에는 전체 상담건수의 48.9%였으나, 96년에는 57.3%를 차지한 것으로 나타났습니다. 이는 성폭력 상담소가 91년 상담을 시작한 이래 처음으로 성인 피해상담을 넘어선 수치라고 합니다.

　미성년자에 대한 성폭력 피해를 구체적으로 살펴보면, 13~19세의 청소년 피해가 4백20명으로 가장 많았고, 8~12세의 어린이 피해가 4백1건, 8세 미만의 유아 피해가 1백99건이었습니다. 미성년자의 성폭력 가해자는 아버지, 삼촌 등 친인척이 가장 많았습니다. 성폭력 중 성폭행(강간) 가해자 역시 친인척이 50.7%로 가장 많았습니다.

　여성민우회가 서울 시내 남녀학생 1,160명을 대상으로 조사한 보고에 의하면, 서울 여중생 2.4%가 성폭력에 의한 성관계를 가진 경험이 있는 것으로 나타났습니다. 남학생의 경우 중학생 4.7%, 고교생 4.2%가 상대방에게 강요해 성관계를 가졌던 것으로 밝혀졌습니다. 반면 여고생의 경우 성폭력에 의한 성관계 피해자는 0.3%에 불과해 여중생들의 피해가 큰 것으로 드러났습니다.

2. 성폭력의 결과

　성폭행을 당한 사람은 육체적 손상은 물론 심리적으로 큰 타격을 받게 마련입니다. 그래서 비이성적인 행동과 동시에 성기능에도 심각한 영향을 받아 혼자만의 세계에서 폐쇄적인 삶을 살기도 합니다.

　또 성폭행을 당했을 때는 임신이나 성병 등의 문제가 생길 수 있어 산부인과, 정신과 전문의 등과 상의하여 치료받는 게 필요합니다. 대부분의 피해자는 성병 감염에 대한 우려를 많이 하지만 그 위험률은 일반인과 관계를 가졌을 때와 비슷한 편입니다. 또한 성폭행으로 피해자가 임신될 가능성은 2~4% 정도이며, 임신 위험성이 있으면 성교 후 72시간 이내에 약물 복용으로 예방할 수 있습니다.

성폭력은 단지 개인의 문제로 끝나는 것이 아닙니다. 많은 강간범이 어린 시절 심각한 성적 충격을 받은 과거를 지니고 있으며, 이로 인해 자존심이 손상되고 무기력해져서 자신을 고립시키고 성인이 된 후에도 성 문제를 야기하는 경우가 많아 치료 대상이 됩니다.

3. 다음 글을 읽고 생각해 봅시다.

저는 이제 고등학교 1학년에 재학중이고 비만에 허덕이고 있습니다. 그러나 실은 비만증도 임신이라는 충격적인 사건에서 비롯된 것입니다. 제가 불량배들에게 뜻하지 않는 변을 당한 것이 그 동기였습니다. 저는 그런 깊은 상처를 아무에게도 알리지 않았으며, 혼자서만 괴로워했습니다. 그런데 얼마 뒤부터 생리가 뚝 끊기더니, 그 후 아주 없어져 버린 것을 알았습니다. 몸에도 이상을 느껴온 터라 덜컥 겁이 나서, 한 친구에게 물어봤더니 임신이 틀림없다는 것이었습니다. 저는 앞이 깜깜하기만 했습니다.

부모님도 철저하게 보수적이다 보니, 눈치를 채면 큰 일이 날 것만 같았습니다. 그래서 불안한 터에 평소 한 그릇 밖에 먹지 않았던 밥을 무려 세 그릇씩이나 먹어서 임신한 배를 위장하려고 애썼습니다. 그러다 보니 불과 몇 달만에 몸만 불어났으며 이상체질로 변해갔습니다. 고통도 아랑곳없이 살이 불어나는데 다시 불안을 느껴 수면제를 복용하기 시작했습니다. 결국 산에 올라가서 몰래 아이를 낳아 그곳에 버리겠다는 것이 없습니다. 어느 소설에서 아들을 원하는 가정의 며느리가 딸을 낳자 뒷산에 올라가서 버리는 장면을 읽었던 것을 떠올리고 착안해 낸 것입니다.

그럴 무렵 저는 또 다른 친구로부터 심한 운동을 하면 자연유산이 된다는 말을 듣고 몸을 혹사하기 시작했습니다. 배에다 심한 충격을 주기도 하고, 거꾸로 매달리는 운동을 반복하기도 했습니다. 배에다 심한 충격을 주었던 날은 통증 때문에 잠을 이루지 못한 적이 많았습니다. 그러나 이제 저는 모든 것을 체념했습니다. 죽는 것만이 저의 유일한 길인 것 같습니다. 어떻게 해야 하나요?

4. 성폭력을 예방하려면?

엄마나 아빠가 딸들에게 '아빠만 제외하고 이 세상 남자는 모두 늑대이니 경계해야 한다'라고 하지만, 그런 추상적인 성폭력 예방 교육으로는 부족합니다. 스스로 자기 몸을 지키지 못했을 때 일어나는 비극적인 상황이 성폭행입니다. 다시 말하면 성폭행은 자신의 행동에도 많은 책임이 있다는 것입니다. 다음의 사항을 기억하십시오.

· 잘 모르는 남자의 호의를 받아들이지 말라.
· 밤 늦게 혼자 다니는 일이 없어야 한다.
· 끼 있는 남자들과는 가까이 하지 말라.
· 모르는 남자들과 만나 회회낙락 농담하지 말라.
· 항상 긴급 연락망을 준비하라.

・남자를 유혹하는 섹시하고 야한 옷을 입지 말라.

　나아가서 성폭력을 없애기 위해서는 가정에서부터 올바른 성교육이 이루어져야 하고, 우리 사회에 만연되어 있는 남성 우월주의의 그릇된 순결관을 고쳐야 합니다. 그리고 성폭력 피해여성이 그들의 피해를 드러내놓고 말할 수 있는 분위기를 조성해야 합니다. 왜곡된 성을 조장하는 모든 유해환경에 대해 적극적으로 대처해야 합니다.

♣ 토의문제

1. 성폭행은 왜 일어나는가?
2. 성폭행을 당하지 않으려면 어떻게 행동을 해야 하는가?
3. 성폭행을 당했을 때에는 어떻게 해야 하는가?
4. 성폭행을 근절시키려면 어떻게 하는 것이 좋은가?

이성교육 · 3
피임과 낙태는 허용될 수 있는가?

♣ 생각해 보기

1. 낙태란 무엇인가?
2. 낙태는 기독교인에게 적절한 방법인가?
3. 불의의 임신에는 낙태를 허용해야 하는가?

1. 낙태의 현실

성관계는 충분히 그 결과에 대하여 책임을 질 수 있는 성인이 되어야만 가능합니다. 한 통계에 따르면 몇 해 전까지만 해도 산부인과에 낙태를 받는 사람은 원치 않는 아이를 가진 주부이거나 20대 여성들이 대부분이었습니다. 그러나 최근에는 여중고생들의 비율이 30%를 넘어서고 있다고 합니다. 또 해외로 입양되어 보내지고 있는 영아들 중 60~70%가 10대 미혼모들이 출산한 아이라고 합니다. 이는 곧 책임지지 못하는 성관계의 결과라고 볼 수 있습니다.

또 특이한 것은 20대의 여성인 경우에는 낙태수술을 받기 위해 남자 친구와 함께 오거나, 혼자 찾아와 몰래 수술을 받고 가지만, 10대의 경우엔 두세 명의 친구들과 어울려 아무런 부끄러움도 없이 산부인과를 찾으며, 심지어는 교복을 입고 산부인과를 찾는 학생들도 있다고 하니 얼마나 기막히는 노릇입니까?

10대들의 임신에 또 하나 염려는, 낙태수술을 받은 학생이 계속 임신을 한다는 것입니다. 어느 여고생은 한 달에 한 번 꼴로 3회 낙태수술을 받은 경우도 있다고 합니다. 이런 학생들의 대부분이 자신을 임신시킨 상대가 누구인지 모를 정도로 성관계가 복잡하다고 하며, 자신이 경험이 있어 그날은 피하려고 했는데 임신을 했다고 하는 경우도 있다고 합니다.

10대들이 임신하는 경우는 대부분 폭행이나 호기심에서 비롯된다고 합니다. 성폭행을 한 상대는 남자 친구, 친척 오빠, 동네 오빠나 아저씨가 80% 이상인 것으로 조사됐습니다. 또한 임신을 하는 시기는 보통 크리스마스와 겨울방학, 그리고 여름방학으로 학생들이 부모를 떠나 자유분방한 행동을 함으로 초래되는 결과라고 할 수 있습니다.

인공유산은 임신 22주 이전, 태아체중 500g 이하일 때 여러 가지 이유로 태아를 강제로 제거하여 떼어내는 것을 말합니다. 세계적으로 몸무게가 적은 저체중 임신의 24~32%에 해당하는 연간 4000만 건 내지 6000만 건의 인공유산이 시행된다고 합니다. 우리나라 여성들은 폐경 전까지 평균 5회의 임신을 하며, 분만 횟수는 평균 2.7회, 임신 중절은 평균 2회 경험하는 것으로 보고되고 있습니다.

최근 인공유산하는 미혼여성이 늘고 있는 것은 초혼 연령이 늦어지고, 성 개방 풍조, 피임에 대한 무지 등에서 비롯한다고 볼 수 있습니다. 최근 다양한 방법에 의한 인공유산이 증가함에 따라 합병증이 많아지고 위험성도 문제가 되고 있습니다. 이들이 결혼

해서 다시 임신됐을 때 자연유산 발생률이 순결을 지킨 여성에 비해 열 배 정도 증가하는 것으로 보고됐습니다. 또한 인공유산은 심한 죄책감과 정신병적인 증상을 유발하기도 합니다. 또 의학적 문제뿐만 아니라 도덕적, 윤리적, 경제적, 사회적으로 심각한 문제를 일으키게 합니다.

2. 다음 글을 읽고 생각해 봅시다.

저는 고등학교 2학년에 재학중인 여학생입니다. 이번 가을에 단풍놀이를 친구들과 함께 갔습니다. 거기서 우리들은 20살 가량의 오빠들을 만나게 되었습니다. 이런 저런 이야기들을 하다보니 서로에게 관심이 있다는 걸 느끼게 되었습니다. 그러다가 파트너를 정해서 놓기로 하였습니다. 저의 파트너는 훤칠한 키에 그리 잘 생기진 않았지만 정감이 가는 오빠였습니다. 저의 친구들은 각자의 파트너들과 동행했습니다. 우리 둘도 친구들과 마찬가지로 이야기를 하며 단풍놀이를 하고 있을 쯤에 오빠는 사람들이 없는 한적한 곳에 가서 이야기를 하자고 했습니다. 그래서 저는 오빠를 따라 사람이 없는 곳으로 가게 되었습니다. 우린 앉아서 이런 저런 이야기를 했는데, 갑자기 그 오빠가 나의 몸을 더듬기 시작했고, 나는 오빠에게 저항을 하였지만 오빠의 힘을 당해낼 수가 없었습니다. 결국 나는 자포자기 식으로 몸을 내어 주었고… 지금은 임신 2개월이라는 진단을 받았습니다. 어떻게 해야 되는 건지 너무나도 고민스럽습니다.

3. 피임과 낙태에 대한 성경의 교훈

성경에 보면 낙태에 대한 장면이 나오는 곳이 있습니다. 바로 마리아가 예수를 잉태하고서는 자신이 남자를 모르는데 어떻게 임신을 할 수 있겠는가 낙심되어서 몰래 아기를 떼고자 하였던 것입니다. 그러나 성령님은 마리아의 낙태를 허용하지 않으셨습니다. 성령으로 말미암은 잉태요, 구세주로서의 잉태였기 때문입니다.

아기가 생기는 것은 하나님의 뜻에 의합니다. 하나님께서 생명을 허락하지 않으시면 결코 잉태되지 않습니다. 모든 인간의 생사화복이 하나님께 있음을 우리는 알아야 합니다. 비록 잘못된 관계에서 잉태된 생명일지라도 그 생명은 하나님이 책임지시는 것입니다. 인간에게는 생명을 단절시킬 아무런 권한이 없습니다. 오로지 주어진 생명을 보전하여 하나님의 맡기신 사명에 충실하여야 할 따름입니다.

피임 또한 "생육하고 번성하여 땅에 충만하라"고 하신 말씀을 거스리게 됩니다. 하나님은 세상의 인구를 조정하시는 방법을 가지고 계시며, 하나님 홀로 인구를 조절하고 계십니다. 늘어나는 인구로 말미암아 의식주의 문제가 심각하지만, 하나님의 섭리로 조절하고 계심을 우리는 알아야 합니다.

♣ 토의문제

1. 혼전성교의 결과는 무엇인가?
2. 낙태는 태아에게만 영향을 주는가?

·7 장·

캠프 성교육 프로그램

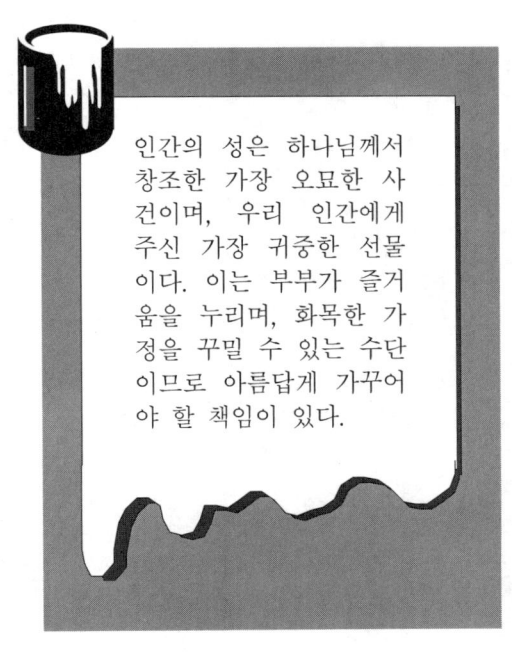

인간의 성은 하나님께서
창조한 가장 오묘한 사
건이며, 우리 인간에게
주신 가장 귀중한 선물
이다. 이는 부부가 즐거
움을 누리며, 화목한 가
정을 꾸밀 수 있는 수단
이므로 아름답게 가꾸어
야 할 책임이 있다.

나는 어떻게 태어났을까?

내가 어렸을 적에 엄마에게 물었다. "엄마, 나 어디서 낳어?" 그러나 엄마는 나를 큰 다리 밑에서 주워왔다고 했다. 그러나 내가 크면서 조금 알게 된 사실이지만, 실은 내가 태어난 것은 엄마와 아빠가 만나서 사랑을 해서 생겼다고 한다. 아직도 궁금한 것은 엄마가 그때 왜 나를 다리 밑에서 주워왔다고 했는지 모르겠다. 혹시 내가 못생겨서 엄마가 그런 것은 아닐까? 내가 착하고 예쁘게 생겼다면 틀림없이 엄마와 아빠가 너를 만들었다고 했을 텐데 말이다.

♤ 다음 물음에 답을 해 보세요.

1. 어릴 때 엄마에게 "나 어디서 낳어?"라고 물었을 때, 엄마는 무엇이라고 답을 해주셨나요?
2. 이제 여러분은 중학생이니까 어느 정도 알고 있으리라 생각합니다. 자신이 어떤 방법으로 엄마 아빠의 자녀로 태어나게 되었는지 말해 보세요.
3. 아기는 어떻게 만들어지는지 알고 있는 대로 말해 보세요.

1. 생명 창조의 방식들

창세기 1장을 보면, 태초에 하나님께서 하늘과 땅을 만드시고, 땅위에 모든 동물과 식물들을 만드셨습니다. 곧 모든 생명을 종류

대로 만드시고, 각각 번식할 수 있도록 만드신 것입니다. **"땅을 풀과 씨 맺는 채소와 각기 종류대로 씨 가진 열매 맺는 과목을 내라 하시니"**(창 1:11)라고 하셨는데, 여기에서 "씨 맺는 채소"와 "씨 가진 열매 맺는 과목"이란 말에 주의해 보아야 할 것입니다. 이것은 곧 식물들의 번식 방법을 말씀하고 계십니다.

하나님께서는 이 세상에 모든 동식물에게 무성생식과 유성생식의 두 가지 방법의 번식 방법을 주셨는데, 무성생식은 생물이 반으로 나누어져서 똑같은 두 개의 모양이 되는 것입니다. 주로 아주 작은 단세포 생물들이 이런 방식으로 번식을 합니다. 또 식물의 아주 작은 부분이 떨어져 나가서 자라기도 하는데, 이것을 '발아'라고 합니다.

유성생식은 남자와 여자와 같이 암수 두 가지 성의 구별이 있으며, 그 각각이 생식세포인 배우자를 만들고 이것들이 합하여 새로운 개체(2세)를 만드는 번식 방법입니다. 두 개의 생식세포가 합쳐지는 것은 곧 아빠의 정자와 엄마의 난자가 합쳐지는 것으로 수정이라고 하며, 이것을 사람에게는 임신이라고 합니다.

수정이 일어나는 것은 세 가지 다른 방식이 있습니다. 첫째는 모체(엄마의 몸)의 밖에서 수정되고, 모체의 밖에서 새끼가 자라는 경우가 있고, 혹은 모체 밖에서 수정이 되고, 모체 안에서 알이 자라는 경우가 있습니다. 물고기의 경우는 암컷이 물 바닥에 알을 낳으면 수컷이 와서 알 위에 정자를 뿌려서 수정을 하게 됩니다.

둘째는 모체 안에서 수정되어 모체 밖에서 자라는 경우가 있습니다. 병아리의 경우, 암탉과 수탉이 교미를 하여서 모체 안에서 수정이 되면 암탉이 알을 낳으며, 이 알을 수정란이라고 합니다. 이 수정란을 암탉이 21일간 품고 있으면 병아리가 알에서 나오게 됩니다.

셋째는 모체 안에서 수정되고, 모체 안에서 자라는 경우가 있습니다. 대체로 개, 원숭이, 호랑이, 사자, 소, 코끼리와 같은 포유류들이 이런 방식으로 번식을 합니다. 정자와 난자가 결합하여 수정이 되면 일정 기간 동안 엄마의 뱃속(자궁)에서 자라서 태어나게 되는 것입니다.

2. 내가 만들어진 가장 큰 원인

창세기를 보면, 하나님은 사람을 만드실 때에 남자와 여자를 각각 만드셨습니다. 그리고 그들에게 **"생육하고 번성하여 땅에 충만하라"**고 하셨습니다. 그리고 하나님이 아담에게 하와를 주시면서 "돕는 배필"이라고 하셨고, **"남자가 그 부모를 떠나 그 아내와 연합하여 둘이 한 몸을 이룰지로다"**(창 2:24)라고 하셨습니다.

하나님은 남자와 여자가 한 몸이 되어서 부부가 될 때에 새로운 생명인 2세를 만들도록 허락하신 것입니다. **"아담이 그 아내 하와와 동침하매 하와가 잉태하여 가인을 낳고"**(창 4:1)라는 말씀이 있습니다. 여기에서 '동침'이라는 말은 부부가 잠을 같이 자는 것을 의미하며, '잉태'란 말은 앞에서 말한 임신을 말합니다. 사람이 만들어지는 것은 하나님께서 남자와 여자로 부부가 되게 해 주셨고, 부부가 같이 사랑함으로 이루어지는 것입니다.

우리들이 어렸을 적에는 형, 누나, 오빠, 동생들이 모두 한 방에서 잠을 잤습니다. 그러나 이들은 모두 형제이고 자매이기 때문에 같이 잔다고 해서 아기를 만드는 것이 아닙니다. 부부는 서로 알지 못하던 남자와 여자가 서로 좋아하고 사랑해서 가정을 이루는 관계입니다. 우리들도 이 다음에 나이가 들면 자연히 남자나 여자를 사귀게 되고, 서로 사랑하는 사이가 되면 결혼을 하게 될 것입니다. 결혼을 하면 비로소 한 방에서 같이 잠을 잘 수 있게 되는데, 그 이유는 하나님이 결혼하기 전까지는 다른 남자나 여자와 같이 잠자리를 같이 하는 것을 허락하지 않으셨기 때문입니다.

우리들도 하나님이 엄마와 아빠로 짝을 이루게 하시고, 그분들이 사랑함으로 만들어진, 하나님이 주신 귀한 선물인 것을 기억하여야 할 것입니다.

3. 엄마와 아빠의 사랑으로 만들어진 나

사람이 만들어지는 과정은 유성생식의 방법 중 모체 안에서 수정되어 모체 속에서 자라는 경우입니다. 유성생식의 과정은 암컷과 수컷의 작용이 매우 중요합니다. 자손이 번식하기 위하여 하나님은 번식할 수 있는 도구를 만들어 놓으셨는데, 그것을 생식기라고 합니다. 사람에게 있는 생식기는 우리가 흔히 말하는 대로 남자는 '자지'라고 하고 여자는 '보지'라고 하는 것입니다. 본 교재에서는 이런 용어 대신 남자는 '음경'이라고 하고, 여자는 '음부'라고 하기로 합니다.

대개 음경은 밖으로 길게 나오도록 만들어져 있고, 음부는 음경이 들어갈 수 있도록 마치 우물과 같은 모양입니다. 이것은 마치 오목하고 볼록한 모양으로, 요철(凹凸)과 같습니다. 수컷의 음경이 암컷의 음부로 들어가는 것을 동물들에게서는 교미 또는 교접이라고 하며, 사람에게서는 성교라고 합니다. 동물들은 대개 일년에 1, 2차례의 교미를 할 수 있는 기회가 주어지는데, 이것을 발정기라고 하며, 이 때에 암컷과 수컷이 교미하여 새끼를 낳게 됩니다. 그러나 사람은 하나님께서 서로 사랑할 때는 언제든지 아기를 잉태할 수 있도록 하셔서, 땅에 자손들이 가득 차게 번성하도록 허락하셨습니다.

동물이 교미를 할 때 수컷의 음경을 통하여 수컷의 고환(불알)에서 만들어지는 정자가 암컷의 자궁 속으로 들어가서 암컷의 난자와 결합하게 됩니다. 이것을 수정이라고 하며, 하나의 생명체가 잉태되어 자라게 됩니다. 사람도 마찬가지로 남자의 고환에서 만들어진 아기씨(정자)가 여자의 아기집(자궁)으로 들어가는 길이 만들어져 있는데, 이것을 질이라고 합니다. 남자의 음경에서 나온 정자가 자궁(아기집)속으로 들어가서 난자를 만나서 아기가 만들어지게 되는 것입니다.

하나님이 남자와 여자를 만드신 일은 세상에 하나님의 자녀들이 충만하게 되는 것을 원하시기 때문입니다. 그러나 서로 사랑하지도 않고 원하지 않는 사람끼리 만나서 아기를 만드는 일은 결코 싫어하십니다. 창피한 이야기지만, 우리 나라에서는 일년에 수천명의 아기가 사랑하지 않는 청소년들의 실수로 이 세상에 태어나고, 엄마도 아빠도 없이 버려지고 있다고 합니다. 만일 하나님이 원하시지 않는 일을 하게 되면 그 결과로 아기를 가진 엄마도 불행하게 되고, 태어나는 아기도 불행한 삶을 살 수밖에 없는 것입니다. 가장 복된 아기는 엄마와 아빠가 제일 사랑하는 복된 가정에서 태어나는 아기일 것입니다.

♧ 이야기 나누기

1. 여러분은 어떻게 해서 이 세상에 나오게 되었는지 말해 보세요.
2. 왜 하나님이 남자와 여자가 만나서 부부가 되어야만 아기를 가질 수 있도록 허락하셨을까요?
3. 사랑하지 않은 사이에서 여러분이 태어났다면 여러분이 행복할 수 있을까요?

성교육 · 2
나의 것은 정상인가요?

저는 중학교 2학년인데, 얼마 전에 친구와 목욕탕에 갔습니다. 우리들은 알몸으로 탕 속에 들어갔는데, 우연히 ○○이란 친구의 고추를 보았습니다. 나의 것은 끝이 피부로 덮여 있는데 친구는 예쁘게 생겼고, 어른들의 것과 같았습니다. 혹시 나의 것이 잘못된 것인지, 요즘 아기들이 하는 고추수술(포경수술)을 해야 하는 것이 아닌지요?

♤ 다음 물음에 답을 해 보세요.

1. 남자의 성기나 여자의 성기에 대하여 알고 싶으면 무엇을 보고 알 수 있을까?
2. 다른 친구들과 자기의 성기를 비교하여 본 일이 있는가? 그 때 다른 점은 무엇이 있는가?
3. 만일 나의 성기가 다른 친구와 비교하여 작다거나 다를 때, 잘못된 것일까 걱정해 본 일이 없는가?

1. 남자의 성기와 역할

다음 그림은 남자의 성기와 여자의 성기 모양입니다. 이제부터 여러분은 공중화장실의 벽에 그려진 잘못된 성기의 그림이나 도색 잡지들에 나온 것을 훔쳐 볼 필요가 없습니다.

음 경 - 밖으로 길쭉하게 나온 고추모양 같은 남성의 성기를 말합니다. 평소에는 아래로 축 늘어져 있으며, 그 크기는 10cm 이내이지만, 발기되면 10-20cm까지 커지게 됩니다. 음경은 발기하면 마치 뼈가 있는 것처럼 딱딱해지는데, 해면체라고 하는 스펀지 같은 조직이 있습니다. 흥분하면 그 해면체에 다량의 혈액이 흘러 들어가서 팽창하고 딱딱해집니다. 마치 고무풍선에 공기와 물을 넣은 때를 상상하면 됩니다.

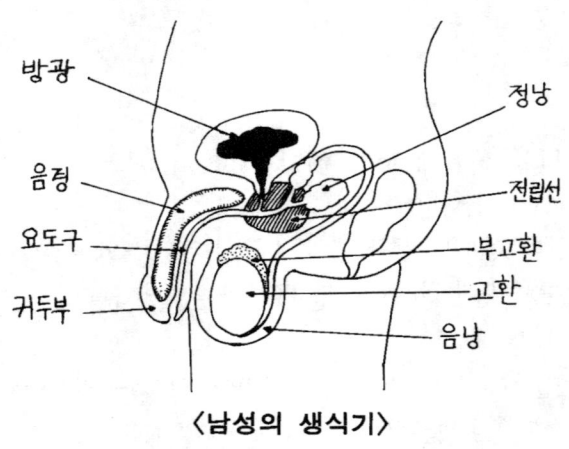

〈남성의 생식기〉

귀 두 - 남자 성기의 머리와 같은 곳으로, 가장 민감한 부분입니다. 끝에는 구멍이 있는데 오줌을 배출하는 역할과 정자를 배출하는 역할을 합니다.

고 환 - 정자를 만드는 곳으로 '정소'라고도 하며, 또 흔히 불알이라고 합니다. 대개 알밤 크기의 알맹이가 두 개 있는데, 몸 밖으로 음낭이라고 하는 주머니 속에 들어있습니다. 그 이유는 정자가 생산되기 위해서는 체온보다 약 2-3도 정도 낮아야 하기 때문입니다. 날씨가 추우면 음낭이 수축하여 안쪽으로 들어가고, 더우면 늘어나서 밖으로 늘어지게 되면서 온도를 조정합니다. 또 두 개의 고환은 왼쪽이 오른쪽보다 낮게 달려 있는데, 걸을 때 서로 부딪치치 않도록 하기 위한 것입니다. 건강한 어른은 1분에 5만개 이상의 정자를 생산합니다. 고환이 두 개가 있는 이유는 혹 하나가 잘못되어서 기능을 하지 못할 때를 예비한 것입니다.

음 낭 - 고환을 보호하는 주머니입니다.

정 관 - 정자가 만들어지면 음경을 통하여 밖으로 내보내는 길이며, 길이는 약 45cm가 됩니다. 발기하면 오줌구멍이 막히고 정자가 나오는 길이 됩니다.

전립선 - 전립선은 방광과 성기의 밑부분 사이에 있는데, 성기를 발기하게 하고, 반대로 수축하게도 하여서 정액이 나오도록 합니다.

쿠퍼선 - 성적으로 흥분할 때 요도로 미끄러운 액체를 내보내어 요도를 통하여 정자가 밖으로 잘 나오도록 합니다. 정자가 몸 밖으로 나오는 것을 사정이라고 합니다. 만약 이 쿠퍼선의 분비물이 없으면 정자는 오줌의 독으로 죽고 맙니다.

2. 여자의 성기와 역할

난 소 - 난소의 크기는 아몬드 모양으로 3-4cm 정도로 좌우에

하나씩 있습니다. 아기 때부터 난소 안에는 약 40만 개
의 조그마한 난자 세포가 들어 있으며, 서서히 성숙되
어서 한달에 하나의 난자를 좌우 난소에서 교대로 한
번씩 난관을 통하여 자궁으로 배출합니다. 여자의 일생
동안 약 400개의 난자가 배란하게 됩니다. 난소가 두
개인 이유는 남자의 고환이 두 개인 것과 같은 이유입
니다.

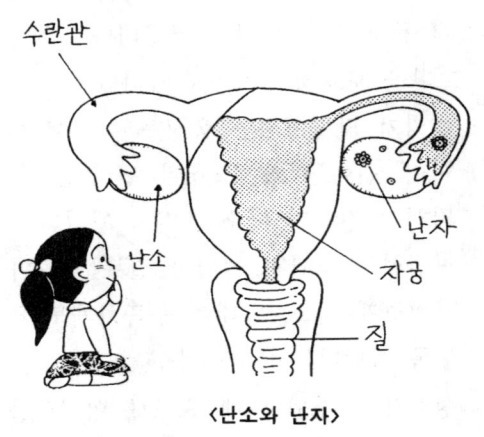

〈난소와 난자〉

난 관 - 나팔모양으로 생겼다고 해서 나팔관이라고도 하는데,
난소에서 성숙한 난자가 자궁으로 가는 길입니다. 난
관속은 작은 털을 가진 섬모들이 있어서 난자를 자궁
쪽으로 밀어내는 역할을 합니다. 크기는 직경이 4mm
정도에 길이가 약 10-12cm 정도입니다.

자 궁 - 7-10cm 정도의 서양 배 모양으로 수정된 난자가 아기

를 형성하면서 9개월 동안 기르는 인큐베이터 역할을
합니다. 자궁은 아기가 자라는 만큼 커질 수 있도록 만
들어져 있습니다.

질 - 성교를 할 때 남자의 성기가 정자를 자궁 속으로 넣어
주기 위하여 들어가는 길도 되며, 아기가 자궁에서 다
자라서 몸밖으로 나오는 길도 됩니다. 질의 길이는 평
상시에는 3-5인치 정도이지만, 남자의 성기 크기에 관
계없이 크기가 조절되도록 되어 있습니다. 질 벽에는
세균으로부터 감염을 막기 위하여 세척제를 분비하는
많은 선이 있습니다.

경 부 - 자궁과 질의 연결부분입니다.

음 순 - 대음순과 소음순이 있는데, 대음순은 음부를 보호하기
위해서 덮기 위한 두 개의 입술과 같은 막이며, 소음순
은 질 입구를 막아주는 역할을 하는 피부입니다.

음 핵 - 크리토리스라고 하는 것으로 요도 가까이에 있으며, 여
성의 성기 중에서 가장 민감한 부분입니다.

나팔관 - 자궁의 윗 부분에 있으며, 난소로부터 나오는 난자를
받아두는 곳입니다.

처녀막 - 질 바깥쪽으로 열린 문의 뒷부분에 있는 얇은 막입니
다. 이 막은 결혼하기 전까지 질의 입구를 일부 막아서
이물 등이 질 속으로 들어가는 것을 보호하는 역할을
합니다.

음 문 - 음문은 질의 입구로 여자의 양다리 사이에 열려져 있는
부분이며, 이 부분을 보호하기 위하여 음순이 덮고 있
습니다.

3. 성기는 하나님이 만드신 소중한 기관이다.

아마 여러분의 대부분은 앞에 그려진 남자의 성기나 여자의 성기를 보고 흥분한 친구도 있을 것입니다. 얼굴이 붉어지고, 성기가 발기하는 느낌도 들 것입니다. 이러한 반응은 지극히 정상적인 반응입니다. 오히려 그렇지 않은 사람이 비정상적이라고 할 수 있습니다.

성기는 하나님이 인간의 생육과 번식을 위하여 만드신 가장 오묘하고 신비로운 기관입니다. 남성과 여성이 각각 중요한 역할을 감당함으로 세상에 많은 사람들이 서로 사랑하며 즐겁게 살아갈 수 있는 것입니다.

성기의 중요한 역할 두 가지는 첫째가 몸 속의 불순물을 배출하는 기관이며, 두 번째가 2세를 생산하는 역할입니다. 그러므로 성기는 매우 중요하고 소중하게 관리하여야 합니다.

만일 여러분의 성기가 친구들과 비교하여 작다고 생각하지는 않습니까? 또는 작다고 불만을 가져본 때는 없습니까? 성기의 크기와 성기의 고유한 기능에는 아무런 관계가 없습니다. 하나님은 어느 누구의 것이나 어떤 크기의 것이나 모두 정상적인 기능을 할 수 있도록 만들어 주셨습니다.

그리고 남자의 음경 귀두는 포피로 덮여지게 되는데, 이것을 포경(phimosis)이라고 합니다. 포경수술이라고 하면 이 부분을 제거하고 음경 귀두를 노출하는 것을 의미합니다. 포경수술은 음경을 항상 청결하고 위생적으로 유지해 주는데, 음경이 청결하지 못하면 포피 사이에 요에 의한 여러 가지 균들이 생존하여 염증을 유발하게 되고, 또 난잡한 성생활을 할 경우에는 성병에 걸리기

쉬우며 또한 음경암이나 전립선염, 암에 걸릴 확률이 높게 됩니다. 구약성경에는 이스라엘 백성을 구분하여서 할례를 하였는데, 할례가 곧 포경수술을 의미합니다.

여러분은 성기의 구조와 역할에 대하여 배우면서 마치 하나의 복잡한 제품생산 기계를 보는 것과 같았을 것입니다. 기계는 사람의 기술로 만들어지는 것이며, 때로는 고장도 납니다. 인간의 성기는 하나님이 창조하시고, 신비로운 생명을 만들어 내는 역할을 합니다. 기계와 같이 잘못 취급을 하면 고장도 나고, 늙어지면 노화되어 기능이 약해지기도 합니다.

만일 더럽게 하거나 결혼하기 전에 여러 이성과 접촉하는 것은 하나님의 거룩하신 뜻을 배반하는 것이며, 그 결과는 성병이나 여러 가지 세상의 질서가 어지럽히므로 하나님의 진노를 면하지 못하게 됩니다. 그러므로 우리의 성을 항상 깨끗하게 유지하여야 합니다.

♣ 이야기 나누기

1. 남자의 성기와 여자의 성기의 역할 중 같은 점과 다른 점은 무엇인가?
2. 성기의 두 가지 큰 기능은 무엇인가?
3. 만약 성기가 작다고 제 기능을 하지 못할까?
4. 남자의 포경수술은 왜 필요한가?
5. 하나님이 만들어 주신 성기를 어떻게 관리하는 것이 옳은 일일까?

성교육 · 3
행복한 내일을 가꾸어요

유 양은 절친한 친구인 김 양의 권유로 그 해 여름에 사귀어 온 남자친구와 함께 남해안으로 캠핑을 갔다. 물론 집안 식구에게는 여자 친구들만의 단체 여행이라고 속였던 것이다. 텐트는 두 개를 설치했으며, 남녀가 구분하여 사용하기로 했다. 그러나 그들의 호기심은 엉뚱하게도 평소 사귀어 온 남자 친구와 함께 쌍쌍이 어울려 천막을 사용하게 했던 것이다. 유 양은 어쩔 수 없이 남자친구와 함께 잠을 자게 되었고, 다음 날 아침 일어나 보니 17년 간 고이 간직해 온 순결은 사라져 버렸다. 유 양은 후에 남자 친구에게 당했다고 말했지만, 호기심의 충동에 몸을 내맡기는 수동적인 자세로 말미암아 자신을 잃어버린 결과가 되었다.

♠ 다음 물음에 답을 해 보세요.

1. 포르노 비디오를 본 일이 있나?
2. 성관계를 묘사한 소설의 대목을 읽으면 어떤 감정이 일어나는가?
3. 혼전 성관계는 왜 나쁜가?
4. 혼전 성관계 경험이 있으면 결혼을 하지 못할까?
5. 순결을 지키는 가장 큰 목적은 무엇일까?
6. 피임은 정당한 것인가?
7. 성적 충동을 강하게 느낄 때 어떻게 해야 하나?
8. 성교의 결과에 대하여 책임질 일은 무엇인가?

1. 왜 성관계를 원하는가?

한국에이즈연맹에서 고교생의 성 형태 연구조사 결과를 보면 남녀 고교생들은 모두 '서로 원해서' 성 관계를 갖는 경우가 가장 많습니다. 이를 자세히 살펴보면 성 경험을 한 남고생 중에서 '서로 원해서'가 45.8%, '내가 원해서'가 26.4%, '청에 못 이겨'가 14.9%, '강제로'가 6.6% 순이었습니다. 여고생 중에서는 '서로 원해서'가 36.4%, '청에 못이겨'가 29.9%, '강제로'가 20.8%, '기타'가 7.8%, '내가 원해서'가 5.2% 순으로 나타났습니다.

남녀 고교생 모두 '서로 원해서' 성관계를 한 경우가 제일 많다는 것은 사실 어떤 면에서는 충격적입니다. 중고교생을 아직도 어린애로만 알고 있는 학부모나 기성세대에겐 더욱 놀라운 사실일 것입니다.

이미 우리 청소년들은 단순한 어린애가 아닙니다. 성행위를 하고 싶은 욕망을 충분히 느끼는 경우가 많습니다. 반면에 그 끓어오르는 성욕을 참거나 절제하거나 관리할 수 있는 능력을 갖추지 못하고 있습니다. 다시 말해 우리 청소년들에게 성적 자극을 주는 갖가지 음란물이나 매체들이 주위에 널려 있다는 사실입니다.

문제는 그런 상황에서 자극을 받아 분출하는 성욕을 제어하도록 계도하는 성교육이 전무하다는 현실에 있습니다. 이 시간에도 무분별한 성 정보에 노출되어 여러 가지 형태로 고민과 갈등을 겪고 있는 우리 사회의 청소년들을 위해서 실질적이며 효과적인 성교육이 가정과 학교, 그리고 사회교육 차원에서도 시급히 이루어져야 한다고 생각합니다.

성교의 목적은 "사람이 독처하는 것이 좋지 않아서"(창 2:18)

하나님이 남자와 여자를 지으시고, 그 둘이 한 몸을 이루게 하셨다는 말씀에서 찾아볼 수 있습니다. 첫째는 사람이 독처하는 것이 좋지 않아서입니다. 하나님은 남자 홀로 사는 것이 좋아 보이지 않으셨습니다. 그래서 돕는 배필로서 여자를 지으신 것입니다. 이 것은 곧 남자와 여자가 서로 사랑하면서 즐겁게 살아가도록 하기 위해서입니다.

하나님은 부부제도와 가족제도를 만드시고, 나아가서 사회와 국가를 이루게 하신 것입니다. 또한 '한 몸이 되는 것'은 서로 사랑으로 하나가 되는 것이며, 더 은밀하게는 두 남녀의 성기가 결합하여 한 몸과 같이 되는 것을 말합니다. 그러므로 성교는 단순히 개인의 즐거움만을 누리도록 허락하신 것이 아니라 서로의 사랑을 나누도록 하심에 있습니다. 결혼한 두 사람의 성관계는 두 사람을 더욱 다정하게 만들어 주며, 서로 믿고 의지하며 행복하게 살도록 하는 힘이 있는 것입니다. 그러나 어느 한쪽만의 쾌락을 채우는 것은 하나님의 의도에 어긋나는 행위인 것입니다.

남성의 성기가 발기하는 것은 하나님께서 생육하고 번성하라고 하신 약속을 이루시기 위한 기능입니다. 다시 말하면 2세의 생산을 위해서 반드시 요구되는 현상인 것입니다. 성기가 하는 역할을 잘 관찰해 보면 하나님의 오묘하신 창조의 신비에 놀랄 수밖에 없습니다. 따라서 성을 하나의 쾌락의 도구로 생각하는 것은 하나님의 창조의 뜻에도 어긋나는 것이며, 죄를 짓는 일이 됩니다.

요즈음 10대들의 임신이 심각할 정도로 증가하고 있다고 합니다. 여름 바캉스 철에 철없이 남자아이들과 혼숙을 하여 임신하는 아이들도 상당히 많다고 합니다. 실제로 16세 여학생이 아기를 임신하여 부모와 선생님 몰래 배를 감추어서 화장실에서 출산한 경우도 있고, 태어난 아기를 해외로 입양하는 경우도 많습니다.

결혼한 두 사람이 성적인 결합을 통하여 아기를 갖는 것은 결코 위험한 일이나 부끄러운 일이 아닙니다. 오히려 복된 일이며 축하받을 일입니다. 그래서 거리에 배가 불룩 나온 임신부들을 보면 아무런 부끄러움도 없고, 오히려 자랑스럽게 다니는 것을 볼 수 있습니다.

그러나 결혼하지 않은 남녀가 결합하여 아기를 가지게 되면, 남자는 자신의 행위에 대한 책임감에 매일 고민하게 되며, 아빠가 된다는 두려움에 괴로워하게 됩니다. 또한 여자는 자신이 결혼하지 않은 상태에서 아기를 가진 것에 대한 두려움과 부끄러움으로 감히 얼굴도 못 들고 다니고, 감추려고 합니다. 결국 결혼하기 전의 성교로 임신을 하게 되면 남녀 모두가 미래의 행복한 결혼생활을 깨어버리는 것과 같습니다.

2. 성욕을 참아야 하는 이유

성관계는 충분히 그 결과에 대하여 책임을 질 수 있는 성인이 되어야만 가능합니다. 한 통계에 따르면 몇 해 전까지만 해도 산부인과에 낙태를 받는 사람은 원치 않는 아이를 가진 주부이거나 20대 여성들이 대부분이었으나, 최근에는 여중고생들의 비율이 30%를 넘어서고 있다고 합니다. 또 해외로 입양되고 있는 영아들 중 60-70%가 10대 미혼모들이 출산한 아이라고 합니다. 이는 곧 책임지지 못하는 성관계의 결과라고 볼 수 있습니다.

충분히 책임질 수 있는 정도라고 하는 것은 완전한 성인으로서 첫째는 자기 판단력과 결단력이 있어야 하며, 둘째는 한 가정을 이루어 독립할 수 있는 경제적인 능력을 갖추어야 하며, 셋째는 생산한 아이를 튼튼하게 기를 수 있는 양육의 능력을 갖추는 것을 의미합니다.

청소년기에 일어나는 성적 욕구는 일시적인 것으로 자신이 절제할 수 있습니다. 일시적인 욕구를 못 이겨서 서로가 원치 않는 관계를 맺는 것은 서로의 불행일 따름입니다. 우리 나라 청소년들은 대부분 이 시기에 대학교 입시를 준비하기 때문에 성적인 것에 신경을 쓸 여유가 없습니다. 그러나 일부 잘못된 학생들은 매우 심각한 상태에 빠지기도 합니다.

하나님은 앞으로 한 가정을 이루어 부부로서 충분히 성적 욕구를 채울 수 있도록 부부와 가정이란 제도를 만들어 주셨습니다. 하나님이 허락하신 제도 속에서 마음껏 성적인 쾌락을 누리는 것은 하나의 복이라고 할 수 있으나, 하나님의 허락 밖에서 이루어지는 성적 관계는 부정한 것이요, 죄된 것임이 틀림없습니다.

행복한 내일의 꿈을 위해서 지금은 참아야 할 것입니다. 또한 잘못된 만남으로 인한 무질서한 성관계는 성폭력과 같이 오랫동안 정신적으로 건전하지 못한 상상을 하게 만들며, 성병의 감염율도 높다고 합니다. 다음에 결혼할 때에도 상대방에 대하여 불신이나 또는 스스로 당당하지 못한 태도를 갖게 됩니다. 뿐만 아니라 서로에 대한 신비감이 없어지고, 가장 가치있는 결혼의 선물인 순결을 결혼 상대자에게 줄 수 없게 됩니다.

3. 성경은 어떻게 말하고 있는가?

성경은 **"하나님께서 저희를 마음의 정욕대로 더러움에 내버려 두사 저희 몸을 서로 욕되게 하셨으니"**(롬 1:23, 24)라고 하셨습니다. 이는 음행을 하나님의 심판의 결과로 규정하고 있는 것입니다. 몸을 서로 욕되게 하는 행위는 하나님보다 인간의 육체적 정욕을 더 탐하고 사랑하기 때문입니다.

또한 **"하나님의 뜻은 이것이니 너희의 거룩함이니라 곧 음란은 버리고"**(살전 4:3)라고 하였는데, 성적 타락은 곧 인간이 거룩하기를 원하시는 하나님의 뜻에 정면으로 거역하는 행위라는 의미입니다. 우리는 하나님의 거룩하심과 같이 우리의 몸과 마음을 거룩하게 보전하여야 할 것입니다.

그러기 위해 우리는 **"그러므로 땅에 있는 지체를 죽이라 곧 음란과 부정과 사욕과 악한 정욕과 탐심이니 탐심은 우상 숭배니라"**(골 3:5)고 하심과 같이, 우리의 정욕, 성욕을 죽여야 할 것입니다. **"너희가 육신대로 살면 반드시 죽을 것이로되 영으로써 몸의 행실을 죽이면 살리니"**(롬 8:13)라고 하였으므로, 우리는 성령을 좇음으로만 몸 곧 죄된 욕구를 지닌 자아의 행실을 죽일 수 있습니다.

"음행을 피하라 사람이 범하는 죄마다 몸 밖에 있거니와 음행하는 자는 자기 몸에게 죄를 범하느니라 너희 몸은 너희가 하나님께서 받은 바 너희 가운데 계신 성령의 전인 줄을 알지 못하느냐 너희는 너희의 것이 아니라"(고전 5:18-19)고 하심과 같이, 성령의 전인 우리의 몸을 죄로 말미암아 더럽히지 말아야 할 것입니다.

4. 원치 않는 임신을 피하려면 어떻게 해야 하나?

때로는 임신을 원하지 않을 경우도 있습니다. 기분이 좋지 않다거나, 몸이 아프거나, 또는 가정의 경제적인 사정이나, 아이가 태어나는 시기나 나이터울 등의 사정으로 부득이 임신을 피해야 할 때가 있습니다. 더욱 피해야 할 것은 결혼 전에 남자 친구와 성관계를 가짐으로써 임신을 하게 되는 경우입니다.

결혼하기 전에 성관계를 가지는 것은 옳지 않을 뿐만 아니라, 만일 혼전 성관계로 말미암아 임신을 하게 된다면, 아기뿐만 아니라 모두에게 불행한 일입니다.

불의의 임신을 피하는 것은 피임이라고 하며, 정상적인 수정과정을 일어나지 못하게 하여 임신을 피하는 것으로 생식세포인 정자와 난자가 합쳐지는 과정인 수정(fertilization)현상을 막는 방법을 말합니다.

현대사회 구조에서는 세계 인구의 증가와 식량문제 등 산아제한을 위한 피임의 필요성이 강조되고 있습니다. 특히 여성들의 사회적인 활동이 활발해져서 피임은 중요한 사회적인 문제가 되었습니다. 또한 무분별하고 책임없는 성행위에 의해 생기는 임신 등은 사생아를 비롯하여 낙태를 유발하게 되어서 피임은 여성들에게 일생 동안 해결해야 할 과제가 되었습니다.

만일의 경우, 정말 어쩔 수 없이 성폭력 등으로 성관계를 갖게 되었다 하더라도 당황하지 말고 즉시 가까운 보건소나 산부인과, 그리고 성폭력 상담소 등으로 가서 상담을 하면 임신을 방지할 수 있는 방법을 알려 줄 것입니다. 그러나 가장 좋은 방법은 사전에 자신을 보호하는 일입니다.

♣ 이야기 나누기

* 다음 사례에 나오는 잘못된 성관계에 대하여 비판해 보라. 그리고 자신이 그런 상황에 있었다면 어떻게 행동했을지 말해보자.

저는 여고 2학년에 재학중인 소녀입니다. 바캉스 2박 3일의 마지막 밤을 텐트 안에서 지새우고 있었습니다. 다음날 아침 출발해야 한다는 생각을 하니 아쉽고 좀처럼 잠이 오질 않았던 것입니다. 그 때 아무래도 안되겠다는 생각에 저는 싱겁게 마지막 밤을 보낼 것이 아니라 나이트 클럽에 가서 올나이트 하자고 친구들에게 제의를 했습니다. 친구들은 기다렸다는 듯이 모두 찬성했습니다. 친구들이랑 해변에 마련된 나이트 클럽으로 발을 옮겼을 때는 새벽 1시가 넘은 시간이었습니다.

나이트 클럽이 떠나가도록 울리는 음악소리와 어두컴컴한 조명과 쉴새없이 켜대는 성냥 불빛에 사람들의 모습이 어른거릴 때마다 가슴이 두근거리고 기분이 고조되기 시작했습니다. 같은 또래의 남녀 청소년들이 앉은 자리에서 결사적으로 어깨춤을 추거나, 술잔을 요란스럽게 부딪치기도 했습니다. 입김이 맞닿을 정도로 밀착된 상태에서 저희들의 마음에는 묘한 흥분이 일기 시작했습니다.

그 때 우리 일행에게 우연인지 모를 일이지만 같은 수의 남자 일행이 말을 걸어오며 함께 놀자고 했습니다. 우리는 쾌히 승낙했습니다. 그리고 그들과 함께 어울려 춤도 추고 놀기도 했습니다. 그들이 권하는 맥주도 부담없이 마셨습니다. 저는 저의 행동에 대해서 납득을 할 수 없을 정도로 술기운에 빠져 모든 것을 흥분된 감정으로 받아들이고 있었습니다. 오늘 하루만은 마음껏 즐겨야 한다는 생각을 했을 때, 더욱 그런 분위기에 빠져들고 싶었으며, 걷잡을 수 없는 듯한 희열을 느꼈습니다.

3시간 지나서야 남자들과 함께 그곳을 나와 짝을 지어 모래사장을 거닐었습니다. 술 내용이 풍기고, 혀 꼬부라진 말투로 진실한 대화를 나눈다는 것은 불가능한 일이었습니다. 더구나 남자들이 Y대 2학년생들이라는 것을 알았을 때, 저희는 하나같이 무분별한 사랑(?)을 모래사장에서 나누었습니다. 그래도 부족해서 텐트는 내버려 둔 채 인근의 여관에서 혼숙을 하다가 경찰에 넘겨지고 말았습니다. 뒤에 밝혀진 일이지만 남자들은 모두가 재수생이었습니다. 그리고 저를 비롯해서 친구들 모두 퇴학을 당해야만 했습니다. 그후 저와 친구들 모두는 가출을 해버렸습니다. 저희들은 집을 나와 유흥가를 전전하는 신세로 전락해 버렸습니다. 하지만 이 생활에 회의를 느꼈고 이제는 새로운 삶을 찾고 싶습니다.

1. 문제의 발단이 무엇이라고 생각하는가?
2. 누구의 잘못으로 문제가 야기되었다고 생각하는가?
3. 이런 상황이면 나는 어떻게 하겠는가?
4. 사후의 책임에 대하여 생각한 흔적이 있는가?
5. 후회를 하고 있는 지금은 어떻게 해야 할 것인가?

·8장·

캠프 레크리에이션
프로그램

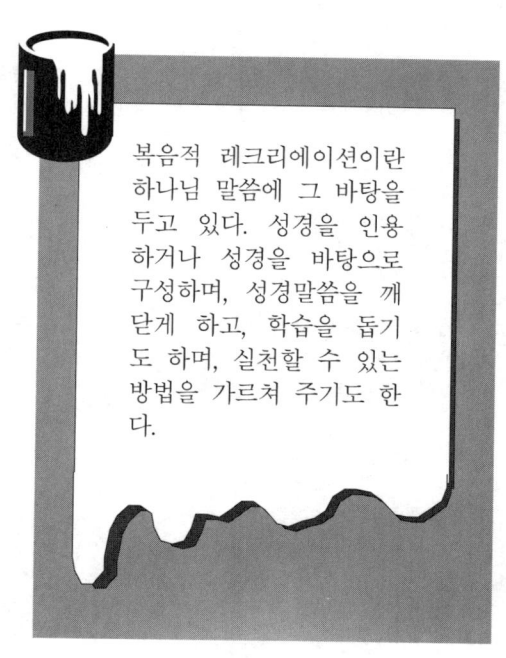

복음적 레크리에이션이란 하나님 말씀에 그 바탕을 두고 있다. 성경을 인용하거나 성경을 바탕으로 구성하며, 성경말씀을 깨닫게 하고, 학습을 돕기도 하며, 실천할 수 있는 방법을 가르쳐 주기도 한다.

캠프 레크리에이션

1. 복음적 캠프 레크리에이션

　복음적 레크리에이션이란 일반 레크리에이션과는 달리 교회에서 교우들간의 관계를 더욱 친밀하게 해주며, 나아가서 그리스도의 복음으로 하나의 공동체를 이루는 데 그 목적을 두는 것이다. 복음적 레크리에이션은 그 바탕을 복음, 즉 하나님의 말씀에 둔다. 따라서 성경을 인용하거나 성경을 토대로 구성하기도 하며, 성경 말씀을 깨닫게 하고, 학습을 돕기도 하며, 실천할 수 있는 방법을 가르쳐 주기도 하는 하나의 학습 형태라고도 볼 수 있다. 따라서 복음적 레크리에이션은 성경학습게임, 성경인용게임, 성경응용게임 등으로 분류할 수 있다.

2. 레크리에이션의 지도이론

1) 진행에 대한 일반적인 준비
① 연령, 성별, 수준에 맞게 준비하라.
② 장소, 인원, 예산을 잘 안배하라.
③ 자료는 넉넉히 준비하여 만일의 경우에 대비하라.
④ 그 목적이 교육적 또는 사교적, 흥미적인가를 염두에 두라.
⑤ 참가자의 기대를 정확히 파악하라.

2) 진행을 위한 실제 요령

① 진행자의 위치 : 잘 보이고 잘 들리는 곳에 있는다.

② 게임의 규칙에 대하여 정확하고 간단 명료하게 설명하라.

③ 즐겁게 진행하되 긴장감과 흥미를 잘 안배하라.

④ 저속한 언어와 동작은 삼가하라.

⑤ 클라이막스를 잘 조정하여 흥미를 더욱 고조시키라.

⑥ 시간을 지혜롭게 활용하여 지도자에 대한 신뢰를 높이라.

⑦ 끝날 때는 노래와 의식으로 마무리를 짓는다.

3. 복음적 레크리에이션의 종류

1) 성경학습게임

성경학습게임은 게임을 통하여 성경을 배우기도 하고, 또한 배운 것을 복습하기도 한다. 성경공부 자체가 공부라는 인상을 주기 때문에 때로는 거부 반응을 보이기도 하고, 흥미나 즐거움을 가지고 학습에 임하지 못할 때가 많다. 하지만 게임의 방법을 사용하면 거부감이 없이 자연스럽게 성경학습에 임할 수 있다.

성경학습을 위한 게임의 가장 보편적인 방법은 성경퀴즈이다. 성경퀴즈를 단순하게 정답을 맞추는 것으로 할 것이 아니라 방식을 다르게 구성하면 흥미를 갖게 할 뿐 아니라 학습의 효과도 높아질 수 있다.

성경학습게임을 지도하기 위해서는 먼저 교사가 게임을 하고자 하는 성경의 내용을 정확하게 파악하고 있어야 한다. 그리고 성경의 내용을 게임의 형식으로 만들 수 있는 능력이 있어야 한다. 레크리에이션 교재들이 많이 있지만 그것들을 그대로 이용하기보다는 응용하여 새롭게 구상하는 것이 바람직하다. 왜냐하면 자신이 가르치고 있는 학생들의 성경 지식과 이해도에 맞추어 재구성하는 것이 요구되기 때문이다.

예) 열 가지 재앙 - 출 7:14-12:36

2) 성경인용게임

성경인용게임은 성경구절이나 내용을 그대로 인용하여 게임을 하는 방법을 말한다. 주로 성경의 내용을 익히거나 되풀이하여 암기할 수 있는 방법이 되기도 한다. 그러나 성경을 게임을 하기 위하여 사용하는 것은 피해야 하며, 어디까지나 게임을 통하여 성경을 가까이 하게 하는 것임을 잊어서는 안 된다. 잘못하면 성경을 게임의 내용으로 오해하거나 하나님의 이름을 망령되게 할 수 있기 때문이다.

성경인용은 성경을 그대로 사용할 수도 있고, 내용으로 구상할 수도 있다. 내용을 이용할 때는 그 내용이 성경과 멀어져서는 안된다. 긴 구절의 성경은 요약하여 사용하는 것이 좋다.

예) 구원의 전신갑주 - 에베소서 6:10-20

모세의 손 - 출 17:8-16

3) 성경응용게임

성경응용게임은 성경의 이야기나 사건 등의 내용이나 상황을 응용하여 게임을 구상하는 것을 말한다. 성경인용게임이 성경을 그대로 사용하는 것임에 반하여, 성경응용게임은 성경의 내용을 게임화시키는 것이다. 따라서 게임의 방법은 일반적인 게임 방법을 사용하되 내용이 성경적인 것이 다르다고 볼 수 있다.

예) 바벨 탑 쌓기

쓴 물과 단 물 - 출 15:22-26

4. 성경학습을 위한 게임의 구상

1) 게임의 구성시 고려할 점
① 학습 후 복습으로 할 것인가, 또는 학습 전에 할 것인가를 고려한다.
② 성경에 나타난 게임의 소재가 무엇인지 파악한다.
③ 어떤 방식의 게임이 성립될 것인가를 생각한다.
④ 게임의 진행방식을 생각한다.
⑤ 게임에 필요한 도구나 재료를 준비한다.

* 성경본문 : 마태복음 5:13-16
* 학습주제 : 빛과 소금이 되라 하셨어요.
* 학습목표 : 1) 빛과 소금의 역할을 이해한다.
　　　　　　 2) 빛과 소금의 특성을 이해한다.
　　　　　　 3) 빛과 소금으로서의 예수님의 역할을 생각한다.
　　　　　　 4) 빛과 소금으로서의 우리들 자신이 해야 할 일을 생각하고 계획한다.

2) 게임의 구성
① 게임의 시기 : 학습 전 활동
② 게임의 소재 : 빛, 소금, 말, 등경
③ 게임의 방식 : 퀴즈나 스무고개 형식

④ 게임의 진행 : 전체 문답식
⑤ 도구나 재료 : 없음

3) 게임의 진행

① 자리 정돈 - 교사를 중심으로 둥글게 앉도록 한다.
② 주의 집중 - 학생들이 교사에게 집중하도록 게임의 흥미를
　　　　　　　　갖게 한다.
　　"자, 이제부터 내가 말하는 것이 무엇인지 알아 맞혀 보
　　세요. 맞히는 친구는 10점을 드리겠어요."
③ 게임의 시작 - "이제부터 스무고개를 넘어 가겠습니다.
　　밤에 꼭 필요한 것입니다.
　　하얀색입니다.
　　생일날과 관계가 있습니다.
　　뜨거우면 눈물을 흘립니다.
　　머리카락은 하늘로 올라갑니다.
　　‥‥‥‥‥‥
　　‥‥‥‥‥."

　④ 게임의 정리 - 정답을 맞춘 어린이에게는 점수를 10점 주
거나 또는 다른 방법으로 보상해도 좋다. 그리고 게임의 내용을
설명하면서 성경학습으로 들어가면 된다.

5. 복음적 레크리에이션의 실제

프로그램 1
성경 구절 찾기

▶ 대 형 : 조 또는 반별(5-12명)
▶ 준 비 물 : 신문지 조별로 1장씩
▶ 진행요령
　① 각 조별로 신문지 한 장씩을 나누어 준다.
　② 적당한 시간을 주고(약 5분) 성경구절을 제시하여 신문지
　　에 있는 글자들 가운데서 성경구절을 찾도록 한다.
　③ 성경은 그날의 요절을 택하는 것이 좋다.
　④ 너무 긴 구절은 피하는 것이 좋다.
　⑤ 빨리 찾는 조가 승리한다.

프로그램 2
구원의 전신갑주

▶ 대 형 : 조별
▶ 준 비 물 : 각종 의상, 소도구들
▶ 진행요령
　① 먼저 에베소서 6:10-20의 말씀을 간단하게 전하여 주고,

각 조별로 한 명을 선택한다.

② 조원들은 선택된 조원에게 성경에 나타난 전신갑주를 입힌다. 투구, 흉배, 허리띠, 장갑, 신발, 방패, 무기 등.

③ 먼저 완성하고 정확하게 한 조가 승리한다.

프로그램 3
열 가지 재앙

▶ **대　　형** : 팀
▶ **준 비 물** : 없음
▶ **진행요령**

① 각 팀에서 선수 열 명씩을 선발한다.

② 사회자는 애굽의 바로 왕에게 내린 열 가지 재앙의 이야기를 잠시 들려주고, 팀별로 각각 재앙을 내린다.

③ 사회자가 "사랑팀, 이 재앙"이라고 하면, 이가 몸에 붙어서 가려워서 이 잡는 흉내를 내고, "개구리 재앙"이라고 하면 개구리가 뛰는 흉내를 내도록 한다.

④ 각 팀 열 명의 선수들이 모두 흉내를 내어야 한다. 팀워크가 이루어지지 않거나 흉내를 내지 못하면 점수를 뺀다.

⑤ 흉내를 가장 잘 낸 팀이 이긴다.

프로그램 4
쓴 물과 단 물

▶ 대 형 : 팀
▶ 준 비 물 : 풍선, 의자 2개, 컵, 카드
▶ 진행요령
　① 각 팀 선수 열 명을 선발한다.
　② 각 팀 한 명씩 출발시킨다. 순서는 다음과 같다.
　　제1코스 - 풍선을 가지고 뛴다.
　　제2코스 - 의자에서 풍선을 엉덩이로 터뜨린다.
　　제3코스 - "쓴 물", "단 물"이라고 쓰여진 카드를 한 장씩
　　　　　　　선택한다.
　　제4코스 - 카드에 기록된 물을 한 잔씩 마신다.
　③ 물을 모두 마시고 먼저 끝나는 편이 이긴다.

프로그램 5
반석 위의 집

▶ 대 형 : 팀 또는 전체
▶ 준 비 물 : 없음
▶ 진행요령
　① 사회자는 누가복음 6:46-49의 반석 위의 집과 모래 위의
　　집에 대하여 설명해 준다.

② A팀은 반석 위의 집, B팀은 모래 위의 집으로 정한다.

③ 반석 위의 집은 "어화 튼튼 믿음의 집"하면서 두 손을 위로 번갈아 올린다.

④ 모래 위의 집은 "어허 이것 야단 났네"하면서 두 손이 무너져 내리는 모양을 한다.

⑤ 노래를 부르면서 사회자가 각각 지적하는 대로 모션을 취한다.

프로그램 6
모세의 손

▶ 대　　형 : 팀 또는 전체
▶ 준 비 물 : 없음
▶ 진행요령

① 사회자는 먼저 출애굽기 17:8-16의 내용을 설명해 준다.

② A팀은 "이스라엘", B팀은 "아말렉"팀으로 정한다.

③ 사회자가 모세의 손이 되어 손을 들면 이스라엘 팀이 박수를 치고, 손이 내려가면 아말렉 팀이 박수를 친다.

④ 이스라엘이 박수를 치면 아말렉은 울음소리를 내고, 아말렉이 박수를 치면 이스라엘은 울음소리를 내도록 한다.

옳소 _ 아니오

▶ 대　　형 : 전체 또는 조별
▶ 준 비 물 : 없음
▶ **진행요령**

　① 사회자는 레위기 19장을 선택하고, 각 조에서 연설자 한
　　 명을 선발한다.
　② 연설자로 하여금 성경을 읽도록 한다.
　③ 연설자가 성경을 읽으면서 "하지 말라"는 말에는 오른손
　　 을 들고, "하라"는 곳에서는 왼손을 든다.
　④ 연설자가 오른손을 들면 조원들은 박수를 치고, 왼손을
　　 들면 '옳소'를 외치도록 한다.
　⑤ 사회자와 심판은 연설자와 조원의 행동을 점검하여 가장
　　 정확하게 한 조에게 점수를 준다.

성경 속의 물건 찾기

▶ 대　　형 : 전체 또는 조별
▶ 준 비 물 : 성구카드, 성경책
▶ **진행요령**

　① 각 조에서 조장을 선발한다.

② 조장은 카드 한 장씩을 선택한다.

③ 카드에 있는 성경구절을 읽고, 기록되어 있는 물건을 조원
들로부터 빨리 찾아온 조가 이긴다.

* 카드의 예 - 마 3:9(돌), 마 5:13(소금), 마 16:19(열쇠) 등

프로그램 9
바울의 호송

▶ **대 형** : 2인1조
▶ **준 비 물** : 신문지
▶ **진행요령**

① 사도행전 21:27-36의 말씀을 읽고 그 내용을 설명해 준다.

② 신문지에 머리가 들어갈 만큼의 구멍을 뚫어서 준비해 놓
는다.

③ 2인 1조가 되어서 신문지의 구멍에 머리를 넣고 출발신호
와 함께 반환점을 돌아오는 릴레이 경주를 한다.

④ 먼저 끝난 팀이 이긴다. 이때 신문지가 찢어지는 팀은 지
게 된다.

프로그램 10
10초 - 땡

▶ 대　　형 : 조별
▶ 준 비 물 : 질문지
▶ 진행요령

　① 각 조 대표를 두 명씩 뽑는다.

　② 질문지는 다음과 같다.

　③ 대표 한 명은 질문을 하고, 다른 한 명은 답을 해야 한다.

　④ 사회자가 정확하게 10초를 제어서 가장 빨리 답한 조가
　　 이긴다.

---

　　1. 가장 잘 부르는 찬송가는?

　　2. 제일 기억에 남아 있는 성경구절은?

　　3. 성경에서 가장 존경하는 인물은?

　　4. 요한복음 3:16을 외워 보시오.

프로그램 11
개사 경연대회

▶ 대　　형 : 조별
▶ 준 비 물 : 동요, 성경

▶ 진행요령

① 사회자는 재미있는 동요를 복사하여 조별로 한 장씩 나누어 준다.

② 각 조는 동요곡에 맞추어 성경구절을 이용하여 가사를 만든다.

③ 조별로 만든 노래를 연습하여 개사대회를 한다.

④ 심사를 하여 가장 잘 만든 조에게 점수를 준다.

프로그램 12
노아의 방주
(짝짓기 게임)

▶ 대　　형 : 전체
▶ 준 비 물 : 동물 이름 카드(인원수대로 각 한 쌍씩)
▶ 진행요령

① 전체에게 동물 이름이 기록된 카드를 각각 한 장씩 나누어 준다.

② 사회자가 "짝짓기 시작"하면, 각자 자기 카드에 기록된 동물의 흉내를 내기 시작한다.

③ 동물 흉내를 보고 각각 자기의 짝을 찾는다. 이때 카드를 보여 주어서는 안 된다.

④ 시간 내에 짝을 찾지 못한 사람은 벌칙을 줄 수 있다.

·9 장·

캠프 특강 프로그램

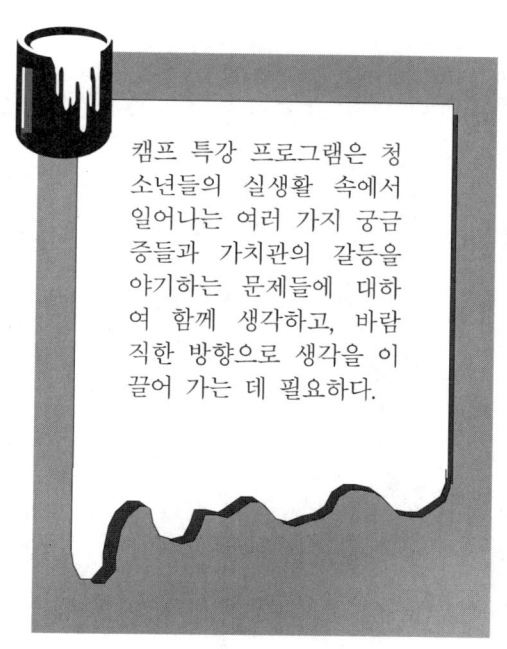

캠프 특강 프로그램은 청
소년들의 실생활 속에서
일어나는 여러 가지 궁금
증들과 가치관의 갈등을
야기하는 문제들에 대하
여 함께 생각하고, 바람
직한 방향으로 생각을 이
끌어 가는 데 필요하다.

특강 1
창조 섭리와 자연 환경의 보호

하나님은 자신의 생기를 불어 넣음으로 모든 만물을 창조하셨다. 그러므로 모든 생명은 자신의 생명을 희생함으로 다른 생명을 살리고, 반대로 그 희생을 받은 다른 생명은 그로써 자기의 삶을 영위해 나갈 수 있다. 그런데 인간만이 다른 생명들에게 자신을 희생하지 않는 모습을 발견할 수 있다. 인간들은 다른 생명들의 희생으로 살고 있으면서도 그것을 당연한 것으로 여겨, 다른 생명을 무시하고 함부로 죽이고 파괴시킨다. 이러한 행위가 하나님의 창조 섭리를 파괴시키고 있음을 깨달아야 한다.

"태초에 하나님이 천지를 창조하시니라"(창 1:1)는 말씀은 성경의 대전제로서, 성경 전체를 통하여 밝히고 있는 내용은 하나님의 창조 섭리이다. 태초에 하나님이 천지를 창조하실 때에는 분명한 목적을 가지시고 이 세상과 인간을 창조하신 것이다. 그리고 하나님은 창조하신 인간과 자연에 대하여 그의 뜻을 이루시기 위하여 올바른 방향과 목적을 말씀을 통하여 제시하시고 통제하시며 이끌어 나가고 계시는 것이다. 이러한 하나님의 창조 섭리는 곧 우주의 역사이며 인간의 역사가 되는 것이다. 다시 말하면 하나님의 섭리하시는 역사 속에 인간의 유한한 역사가 흐르고 있다는 것이다.

우리 인간이 하나님의 창조의 목적과 인간에 대한 계획하심을 바로 아는 것은 하나님의 창조 섭리에 효과적으로 참여하는 것이며, 또한 세상과 자연에 대한 하나님의 목적하심과 계획하심을 이루어 나갈 수 있는 것이다.

하나님은 천지를 창조하시되 모든 자연과 만물을 인간을 위하여 배려하셨다. 창조의 마지막에 인간을 창조하시고 인간에게 모든 만물들을 위임하신 것이다. 자연 만물의 근본된 목적은 하나님의 찬양이 되기 위함이다. 즉 하나님께 영원토록 그 영광과 찬양을 돌리도록 지음을 받은 것이다.

구약 성경에서 창조는 이스라엘과의 계약적인 관계에서 설명되고 있다. 즉 창조는 이스라엘의 계약 신앙의 전제이자 성취이며, 또한 그들에게 있어서 역사의 시작이다. 이 창조 속에서 하나님은 스스로 절대 주권을 가지신 창조주로 나타내신다. 창조 안에서 하나님은 질서와 계약의 관계개념을 중점적으로 드러내신다. 피조물이 하나님께 전적으로 의존해야 함을 보여 주시는 것이다. 또한 하나님은 세상을 무에서 유로 창조하심으로 그의 전능성을 보여 주고 계신다.

신약 성경은 창조의 의미를 기독론적으로 설명하고 있다. 즉 창조는 예수 그리스도 안에서 나타내신 하나님의 계시에 비추어 해석되며, 예수 그리스도로 말미암아 역사적 현실이 된 새로운 피조물(new creation)로서 이해된다. 곧 그리스도는 태초에 하나님과 함께 계셨으며, 만물이 그로 말미암아 지은 바 된 것이며(요 1:2-3), 그리스도 안에서 모든 것이 새로운 피조물이 되는 것이다(고후 5:17).

궁극적으로 창조는 하나님의 나라의 완성에 있다. 하나님의 나라는 천국을 의미하며, 성경 전체를 통하여 말씀하시고자 하는 바는, 하나님께로부터 나와서 하나님께로 돌아가는 곧 완성을 의미한다. "보라 내가 새 하늘과 새 땅을 창조하나니 이전 것은 기억되거나 마음에 생각나지 아니할 것이라 너희는 나의 창조하는 것을 인하여 영원히 기뻐하며 즐거워할지니라 보라 내가 예루살렘으로 즐거움을 창조하며 그 백성으로 기쁨을 삼고"(사 65:17-18)라고 한 것은, 곧 구약의 계약 신앙과 신약의 구속적 사역의 결과로 새로운 피조물로서의 완성을 의미하는 것이다.

하나님은 세상을 창조하시고 인간에게 책임과 사명을 주셨다. 그리고 역사 안에서 하나님의 뜻을 실현하려는 의지를 나타내셨다. 하나님이 창조하신 세계는 조화를 이루고 있다. 하나님의 창조의 특성은 질서이다. 창조는 단순히 만물을 존재하게 하는 것이 아니라 특성이 부여되고 역할이 주어지는 것이다. 그리고 하나님과 인간과의 관계에는 인격적인 관계를 형성하셨다(창 1:26). 모든 만물들과 약속을 맺으시고, 경계를 정하시고, 질서를 부여하시어 고유한 역할과 지위를 갖도록 하신 것이다. 이러한 질서의 창조는 자연 만물들이 조화를 이루어 하나님의 계획하심이 이루어지도록 설계되어진 것이다.

처음 지음받은 인간은 에덴 동산에서 자연과 조화를 이루며 살았다. 적어도 범죄하기 전에는 말이다. 자연은 인간을 위하여 아름다운 과실을 풍성하게 제공하며, 아담은 각양 동물과 식물들에게 적합한 이름을 붙여 주었다. 자연과 인간은 적대적인 관계가 아니라 친밀한 관계였다. 그러나 범죄함으로 말미암아 땅은 인간으로 인하여 저주를 받아 엉겅퀴와 가시덤불을 내게 되었으며, 인간은 종일토록 수고하여야 그 소산을 먹을 수 있게 되었다. 이것은 정녕 하나님의 의도가 아니라 인간의 범죄의 결과인 것이다.

인간의 범죄로 말미암아 황폐화된 자연을 회복시킬 책임은 역시 인간에게 있다. 그러나 인간들은 인간의 문명과 문화의 발전과 함께 정복하라고 하신 하나님의 명령을 따르지 못하고, 범죄로 말미암아 어두워진 상태에서 잘못 해석하여 자연 만물을 더욱더 훼손하고 파괴하여 왔다. 그 결과 푸른 숲들이 파괴되고, 맑은 물과 공기가 오염되어 인간은 물론 모든 자연 만물들이 고통을 당하고 있는 것이다(롬 8:22).

칼빈은 그의 창세기 주석에서 "우리는 만물을 창조하신 목적이 무엇인지 추측한다. 즉 그 목적은 인간이 삶 속에서 편리하고 필요한 것에 부족함이 없게 하려 함이다. 바로 창조 질서에 하나님이 아버지로서 인간에 대하여 갖고 계시는 배려가 두드러지게 나타난다. 왜냐하면 하나님은 인간을 지으시기 전에 필요한 모든 것과 심지어 부족함이 없이 풍성한 부요를 세상에 준비하여 놓으셨기 때문이다"라고 하였다.

이것은 인간에게 주어진 자연을 '정복하고 다스리라'는 명령을 잘못 해석하여, 임의로 풍족하게 사용하라고 해서는 안 된다. 인간에게 배려하신 것은 인간을 만물의 영장으로 인정하시고, 모든 것을 인간에게 위임하신 것으로 보아야 한다. 인간은 위임받은 청지기로서의 역할을 감당하는 것이지, 소유자로서 죽이거나 파괴할 수 있는 권리는 부여받지 않은 것이다. 결국 피조물들의 탄식과 신음을 하나님은 들으시고, 만물 속에 영원하신 하나님의 신성을 나타내실 것이므로, 청지기의 사명을 감당치 못할 때에는 핑계치 못할 것이다(롬 1:20, 8:22-23).

아스팔트로 덮여진 도로들, 아파트로 둘러싸인 대지들, 자동차들이 내뿜는 매연에 시달리는 가로수들, 농약으로 죽어가는 곤충들, 밀렵으로 멸종되어 가는 산짐승들, 몰래 버린 공장 폐수로 말미암아 오염된 하천에서 떼죽음 당하는 물고기들, 인간들이 버린 쓰레기로 말미암아 썩어가는 갯벌, 적조현상으로 바다에는 고기들이 멀리 사라져 버리고, 인간들과 자연은 적대적이 되어 가고 있다.

하나님의 창조 섭리를 이해하고, 자연에 대한 관심을 가지며, 창조 질서 보전의 역사를 우리들의 삶 속에서 구체화하여야 한다. 이미 우리들의 구석구석까지 깊이 스며들어 있는 자연 환경의 파괴 습성을 벗어버리도록, 자라나는 청소년들에게 깨우치고 새로운 인식을 일깨우는 것이 이 시대에 주어진 기독교의 과제라 할 수 있다.

그러므로 기독교는 그리스도 안에서 새 창조의 역사를 이루어야 하는 목적을 가진다. 죽어가는 영혼과 죽어가는 자연을 살리는 것이 기독교인에게 주어진 하나님의 뜻이다.

첫째, 기독교는 인간관계를 회복하는 사역을 먼저 이루어야 한다. 먼저 하나님과의 관계를 정상화하는 것이며, 나아가서 그리스도의 사랑으로 이웃과의 관계를 정상화하는 것이다. 하나님을 알면 인간과 사물에 대한 관심을 더 밀접하게 갖게 된다. 모든 것이 하나님이 지으시고 다스리고 계심을 알기 때문이다. 그리스도인들이 하나님과의 관계가 온전하게 되는 것은 곧 구원 관계가 바로 되는 것을 의미한다. 그리스도로 말미암아 구속함을 받을 때에 비로소 하나님께서 맡겨주신 만물의 관리에 대해서 깊이 인식하게 되고, 바르게 사용하고 보전할 수 있는 태도가 형성될 수 있기 때문이다(골 1:7). 또한 아담의 범죄로 말미암아 인간 심성이 악해졌고, 그로 인하여 파괴되어진 자연을 회복하기 위해서는 먼저 인간의 더러워진 심령이 하나님 안에서 회복되어야 한다. 하나님께서 천지를 창조하시고 "보시기에 참 좋았더라"고 하신 흐뭇한 마음을 다시 돌려 드릴 수 있는 것은 우리 그리스도인들의 몫이다.

둘째, 기독교는 자연과의 관계를 회복하여야 한다. 인간의 임의로 자연을 이용하되 파괴하거나 훼손하여서는 안 된다. 하나님께서는 인간에게 자연 만물을 임의로 맡기신 것이다. 인간이 자연과의 관계를 회복하는 것은 곧 인간이 세상에서 더욱 건강하게 오래 살아남을 수 있는 유일한 수단이기 때문이다. 따라서 우리는 생활양식과 가치관은 물론 자연과 환경에 대한 잘못된 인식을 바르게 해야 하며, 파괴된 자연을 살리는 동시에 보전의 실천운동을 통하여 창조의 근본 목적을 이루어야 할 것이다.

셋째, 기독교는 기독교 사회화를 이루어야 한다. 기독교와 세상이 동떨어진 관계가 되어서는 안 된다. 인간관계의 회복과 함께 하나님의 공동체가 형성되어야만 한다. 그리스도 안에서 새로운 피조물로 창조되는 역사는 진정한 그리스도의 공동체가 되는 것이다. 자연환경의 보호는 공동체적 의식을 가짐으로써 가능하다. 우리는 교육을 통해 자연보호의 필요성을 일깨워야 하며, 절제와 사랑의 정신을 실천함으로 적극적인 보전 활동에 임해야 할 것이다. 하나님이 창조하신 세계가 인간에게 주는 의미를 바로 깨닫고, 하나님의 창조 목적을 바로 이해할 수 있어야 한다.

창조 질서의 보전은 근본적으로 인간관계의 윤리를 세우는 길이며, 이웃을 내 몸과 같이 사랑하라고 하신 말씀을 실천하는 길이다. 자연파괴와 환경오염의 문제는 현대의 물질문명의 발달과 함께 인간의 탐욕과 죄악이 저지른 인류의 총체적 범죄로 단정하고, 인간의 탐욕과 죄로부터 단절함으로서 자연보호 운동이 시작되어야 한다. 자기 중심적 생활 방식으로 말미암아 모든 질서가 파괴되고, 아름다운 자연이 황폐화되는 것을 깨닫고 우리 그리스도인들이 자연보호에 솔선하여 앞장서야 할 것이다.

거듭난 피조물로서 그리스도인들은 또한 하나님이 만드신 세상을 아름답게 보전하기 위해서 간절히 기도해야 한다. 기도는 변화의 역사를 일으킨다. 기도함으로 피폐한 심령들이 변화를 받는다. 그는 그리스도의 공동체로 이끌림을 받고 새사람이 됨으로서 함께 자연보호의 역할을 감당할 수 있게 된다. 특별히 기도할 때에 자연과 환경에 대하여 하나님께 감사하며 하나님의 섭리하심을 간구하여야 할 것이다.

하나님은 우리 인간들에게 자연을 관리하고 보호할 의무와 책임을 주셨다. 파괴하는 데 땀 흘리지 말고 회복하는 데 고귀한 땀을 흘려야 할 때이다. 하나님의 창조 섭리 앞에 겸손하게 무릎 꿇고 하나님의 말씀을 받음으로 새롭고 바른 시각으로 자연을 인식하여야 할 것이다. 교회와 그리스도인들이 본연의 책임과 의무를 다할 때에 하나님께서 세상을 다시금 아름답게 하시며 그 뜻하심을 이루실 것이다.

특강 2
청소년과 인생의 가치관

1. 인생관(View of Life)

원만한 인간관계는 건전한 인생관을 소유하는 것으로부터 온다. 부정적인 사람은 모든 것을 부정적인 관점에서 평가하고 부정적인 방향으로 해결하려고 하기 때문에 인간관계에 있어서도 부정적인 관계를 이루게 된다고 볼 수 있다.

Thomas A. Harris 박사는 <I'm OK - You're OK>란 저서에서 자신과 타인에 관련해서 가질 수 있는 네 가지 기본적인 인생관에 대해서 말하였다. 이러한 인생관의 유형과 인간관계는 다음과 같이 생각할 수 있다.

1) 자기부정-타인긍정(I'm not OK - You're OK)

이 유형의 사람은 자신이 하는 일에 만족감이 없으며, 주로 타인 의존적이며, 타인으로부터 인정과 긍정적인 반응을 받아야 만족한다. 영유아기의 어린아이들과 같다. 타인은 긍정하지만 자신을 부정하려는 태도를 가지며, 심하면 우울하고 소외감을 느끼게 되며, 자기비하로 인하여 타인과의 관계를 피하려 하게 된다.

2) 자기부정-타인부정(I'm not OK - You're not OK)

이 유형은 대체로 유아시기에 타인으로부터 긍정적인 반응을 얻지 못하면 일어나게 되는데, 모든 것을 부정적인 것으로 생각하는 경향이다. 아무 것에도 흥미를 느끼지 못하고 결국에는 자포자기의 상태가 된다.

3) 자기긍정-타인부정(I'm OK - You're not OK)

자신에게 긍정적인 태도는 자기부정과 타인부정의 고통스런 과정에서 오는 자존심이나 오기 등에 의한 자기 스스로를 자극함으로(self-stroking) 이루어진다. 이러한 유형의 사람들은 타인과 거리를 두고 타인을 불신하고 의심하며, 타인의 잘못된 줌만 보게 되어 결국 원만한 인간관계를 이루지 못하게 된다.

4) 자기긍정-타인긍정(I'm OK - You're OK)

부정적인 관이 있는 유형에서는 주로 인간의 무의식적인 감정이 작용하는 면이 크다고 볼 수 있다. 그러나 자기 긍적적이고 타인 긍정적인 관점은 자의식적인 관점에 의하여 이루어진다. 이러한 인생관은 매우 바람직한 인생관이라 할 수 있다.

감정에 기초하는 인간관은 부정적인 것을 항상 생각하게 된다. 그러나 관점에 의하여 보면 양면성을 볼 수 있기 때문에, 부정적인 면도 수용할 수 있는 원만한 인간관계를 유지할 수 있는 것이다.

2. 가치관(View of Value)

Rokeach는 가치를 인간으로 하여금 사회적 문제에 대하여 특수한 입장을 취하도록 유도하고, 다른 사람에게 자신이 갖고 있는 어느 특정한 정치적, 종교적 이념에 동참하도록 하며, 비교, 평가, 판단의 능력을 갖게 하는 것으로 보았다. 또 타인을 설득하고 영향을 주도록 하는 등의 인간의 지속적인 활동을 안내하는 기준의 역할을 하는 것으로 보았다.

모든 인간은 자기의 가치체계에 따라서 살아간다. 목적을 설정하고 행동방식을 결정하며, 문제 해결을 하는 모든 과정에 가치관은 작용한다. 인간은 가치를 지니고 태어나는 것이 아니라 사회문화적인 환경 속에서 획득하는 것이다. 인간이 가지고 있는 개인적인 가치관과 신념은 자신의 생활방향의 설정에 좌표 역할을 한다.

1) 가치관 형성에 영향을 주는 요인

종교, 문화, 도덕, 교육, 신념, 태도, 고정관념, 제도, 가정, 생활환경, 그리고 의미있는 타인들(significant others)은 한 개인의 가치관 형성에 영향을 미친다. 타고난 성격과 함께 한 개인과 관계하고 있는 모든 것들이 새로운 관계를 형성하고 영향을 주며 새로운 경험을 갖도록 한다. 이러한 과정에서 새로운 것을 추구하고 자기의 내면에 가치로운 것으로 인정하게 되며, 기존의 가치와 비교하여 가치체계를 변화시켜 간다.

2) 가치결정의 단계

모든 사람은 자신이 가지고 있는 가치에 대하여 매우 소중한 것으로 인정하고 있다. 이것은 앞에서 말한 신념과 태도, 생활환경과 의미있는 타인에 의해서 영향을 받은 것이며, 자신의 내면화를 통하여 가치결정을 이룬 결과이다. 이 가치결정을 가치 명료화(value clarification)라고도 한다.

가치의 선정은 주로 인지적인 영역이나 사고의 영역과 관계되며, 평가는 정의적인 영역과 감정적인 영역, 그리고 실행은 행동적인 영역과 관계된다. 완전한 가치는 이러한 위의 세 가지 영역이 모두 갖추어진 것이다. 단순한 기대나 희망 또는 신념 등과 같이 행동으로 실천되지 못하는 것은 완전한 가치라 할 수 없고 부분가치 또는 가치지수라 한다. 이러한 가치지수는 자신의 가치가 어느 방향으로 발전하고 있는지 보여 준다.

가치지수 측정

다음 물음에 답하시오.

< > 1. 사람들은 언제나 _____이다.

< > 2. 내가 알고 있는 가장 훌륭한 사람은 _____이다.

< > 3. 내가 이룩한 최대의 업적은 _____이다.

< > 4. 내가 의아해 하는 것은 _____이다.

< > 5. 나의 가장 절친한 친구는 _____이다.

< > 6. 앞으로 나는 _____을 하고 싶다.

< > 7. 나는 _____에서 큰 만족을 얻고 있다.

< > 8. 나를 가장 걱정하게 하는 일은 _____이다.

< > 9. 나에게 있었던 가장 좋았던 일은 _____이다.

< > 10. 나는 대부분의 시간을 _____하는 데 보낸다.

< > 11. 돈이란 _____한 것이다.

< > 12. 내가 다른 어떤 일을 할 수 있다면 _____ 을 할 것이다.

< > 13. 나는 우리 가족이 _____라고 생각한다.

< > 14. 나의 인생에서 내가 가장 사랑한 것은 _____이다.

< > 15. 교육이란 _____이다.

<   > 16. 나의 생활에서 내가 변화하고자 하는 것은 _____이다.

<   > 17. 어린 시절에 나는 _____라고 생각한다.

<   > 18. 내가 가장 행복할 때는 _____이다.

<   > 19. 나는 _____할 때 가장 불행하다고 생각한다.

<   > 20. 나는 _____에 나의 인생을 걸고 싶다.

평가요령

1. 자신이 가장 소중하다고 생각하는 문항에 P자를 써라.

2. 자신이 공개적으로 단정할 수 있는 문항에 PA자를 써라.

3. 자신이 여러 대안들을 숙고해 본 문항에는 CA자를 써라.

4. 자신이 나중의 결과에 대하여 생각해 본 문항에는 TC자를 써라.

5. 자신이 아무런 부담없이 자유롭게 선택할 수 있는 문항에는 CF자를 써라.

6. 자신이 실제로 행동으로 옮길 수 있는 문항에는 AA자를 써라.

7. 자신의 행동이나 습관을 나타내는 문항에는 PB자를 써라.

8. 자신이 한 인간으로 성장해 나가는데 도움을 주는 문항에는 G자를 써라.

9. 위의 분류에 의하여 자신의 점수를 다음의 막대 그래프에 그려 보라.

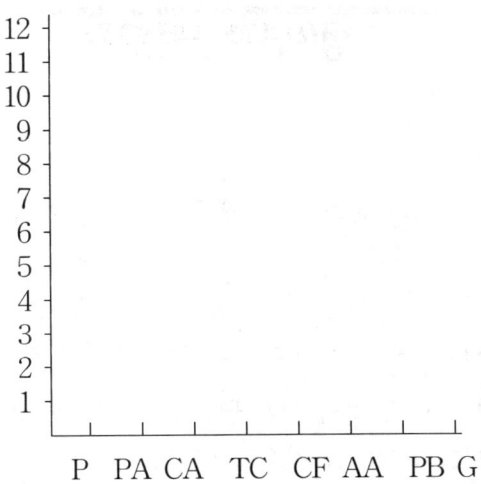

10. 자신의 평가 결과를 서로 나누어 보자.

T.S 엘리어트는 문화란 "인생을 살 만한 가치가 있는 것으로 만들어 주는 것"이라고 하였다. 이러한 문화는 한 사회의 구성원인 인간이 획득한 지식, 신념, 예술, 도덕, 법률, 풍습 그리고 그 외의 다른 기능들과 습관들을 포함하는 복합적 총체이다.

기독교의 문화는 하나님의 창조의 문화이며, 하나님 형상의 완성을 추구하는(회복하는) 것으로 이해할 수 있다.

1. 대중문화란 무엇인가?

대중문화란 합리주의, 낭만주의, 실용주의, 상대주의, 허무주의, 탈현대주의 등이 혼합된 가공품으로 볼 수 있다. 대중문화는 상황과 시대에 따라 변화하며, 돌고 도는 유행과 같다.

대중문화의 특성은 다음과 같다.
(1) 친숙성이 있다.
   인스탄트 식품과 같으며, 즉각적인 만족을 갖게 한다.
(2) 인기성이 있다.
   대중적인 것이 선의 기준이 된다.
(3) 물리적이다.
   고급문화나 대중문화나 모두 인간의 즐거움을 위함이다. 그러나 대중문화는 다분히 물질적이며 물리적인 즐거움을 추구하게 한다.

(4) 명성주의(celebrityism)적이다.

(5) 감상성(sentimentality)이 있다.

이성과 의지보다는 본능과 충동을 자극하고 생각하게 하며 새로운 관점을 갖지 못한다.

(6) 시대성이 있다.

현재만을 강조하고 내일을 생각하지 않는다.

(7) 개인주의적이다.

공동체적인 유대관계보다는 개인적이고 이기적이게 하여 공동체적인 관계를 약화시킨다.

2. 기독교 대중문화의 의미

기독교 대중문화란 세속문화로부터 모든 것을 본받아서 "예수 언어"로 변형시킨 것이다. 그러므로 기독교 대중문화는 세속문화에 기독교를 옷 입혀 놓은 것이며, 기독교적 언어와 심상으로 대체한 것에 불과하다. 마치 광고 선전용 노래(CM송)와 같다.

한국적 기독교, 기독교의 토착화, 민족성과 기독교, 한국식 기독교 등의 용어는 그 배경에 대중문화 의식이 있다. 한국의 민족문화란 미신적이요, 한마디로 굿의 문화이기 때문이다. 여기에 토착화란 용어는 기독교 복음에 입혀 있는 외래문화는 복음에서 분리되어야 하며, 다시금 복음에 한국문화가 옷 입혀져야 함을 의미한다. 그러나 잘못하면 알맹이마저 벗겨버릴 염려가 있다.

3. 복음과 문화의 조화

기독교 가치관에 비추어 볼 때에 우상숭배는 절대로 용납할 수 없는 명백한 배교 행위이다. 즉 대중문화를 기독교화하는 것도 용납할 수 없으며, 대중문화의 감수성에 지배당해서도 안 된다. 대중문화의 우상에 사로잡히지 않는 한 우리는 대중문화를 향유할 수 있다.

로마서 12:2 "너희는 이 세대를 본받지 말고 오직 마음을 새롭게 함으로 변화를 받아 하나님의 선하시고 기뻐하시고 온전하신 뜻이 무엇인지 분별하도록 하라." 이 말씀은 우리가 세상에서 살되 악에 빠지지 않고, 또한 세상의 풍조를 본받지도 말아야 함을 의미한다.

또한 반문화라고 해서 모든 문화를 배척할 것이 아니라, 문화의 흐름 가운데 배척할 것은 배척하고 성경적으로 수용할 것은 수용해야 한다. 더 나아가 성경적으로 바꿀 것은 바꾸어 나가야 함이 우리의 의무이다. 바람직한 것은 복음을 통하여 문화를 변혁시키는 일이다. 그리고 현대문화를 복음전파에 올바로 이용할 수 있어야 한다.

4. 내일의 놀이 지도자로서의 청소년

1) 인도자의 두 유형

인도자의 유형은 지배자 유형과 지도자 유형으로 말할 수 있다. 지배자 유형의 인도자는 자기욕구, 자기의 영광과 명예를 존중하여 자기만을 위하여 다른 사람의 위에 군림하려는 태도를 가진 지도자이며, 자기 외에는 일꾼과 노동자로 취급하려는 경향이 있다. 그러나 지도자 유형의 인도자는 공익을 추구하며, 섬기는 종으로의 태도를 가진다. 마치 목자와 같으면서 함께 어떤 과업을 수행하려는 인도자이다. 교회의 인도자는 지배자가 아니라 지도자로서의 태도를 가져야 한다.

2) 하나님의 인간창조의 목적과 놀이

인간은 하나님이 창조하셨을 때부터 놀이하는 존재이며, 태초의 에덴 동산은 인간의 놀이터로서 주어진 것이다. 하나님이 만드신 에덴 동산은 사랑과 평화의 놀이터였다. 아름답고 자유로운 에덴 동산은 참된 안식, 즉 놀이가 있었는데, 그 놀이의 의의는 다음과 같다.

① 쉼, 안식, 자유, 평화가 있다.
② 놀이는 노는 것과 구분된다.
③ 놀이는 하나님을 노래하는 것이다.
④ 놀이는 억지로 하지 않는다.
⑤ 놀이는 경쟁이 아니라 화합이다.
⑥ 놀이는 인생의 고난을 잊게 해준다.
⑦ 놀이는 피곤하지 않다.
⑧ 놀이는 건전한 정신과 창조적 삶의 의지를 갖게 한다.

따라서 오늘날 예수님이 세우신 교회는 놀이하는 공동체이다. 하나님의 사랑을 노래하며, 성도들이 함께 나누는, 그리고 함께 이루는 공동체 놀이터인 것이다. 따라서 교회 공동체의 놀이문화는 다음과 같은 방향으로 이루어지도록 내일의 지도자로서 청소년들이 책임을 다해야 할 것이다.

① 함께 드리는 예배의 공동체
② 함께 나누는 사랑의 공동체
③ 함께 나누는 기쁨의 공동체

대중문화 지수측정

1. 다음 중 자기 집에 있는 것에 (○)표 하시오.

라디오(   ), 텔레비젼(   ), VTR(   ), 비디오 카메라(   ),

위성방송 시청안테나(   ), 카세트. 데크(   ), 턴테이블(   ),

컴팩트 디스크 플레이어(   ), 컴퓨터 게임기(   ),

자동차(   )

위에서 (○)표한 항목은 각각 1점으로 계산해서 점수를 기록한다.

점　수	

2. 정기적으로 구독하는 잡지를 기록하라.

_____,_____,_____,

_____,_____,_____,

1) T.V 가이드는 3점으로 계산하라.

2) 길거리의 가판대에서 판매하는 주간지는 2점으로 계산하라.

3) 스포츠 신문은 4점으로 계산하라.

4) 스포츠 신문을 정기구독하지만 운동경기에 관한 것은 읽지 않으면 3점으로 계산하라.

5) 유머 펀치와 같은 잡지를 보고 웃으면 2점을 더하고, 웃지 않으면 3점을 더하라.

6) 유머 펀치와 같은 잡지의 이름을 들어본 일이 없으면 3점으로 계산하라.

점 수	

3. 최근 3개월 내에 읽은 책이 모두 몇 권인지 세어보라. 1권에 1점으로 계산하라.

점 수	

4. 평가(1+2+3의 종합점수로)

총 점	

10점 미만 – 수도자적인 생활

10-20사이 – 대중문화와 평균정도 접함

20-35사이 – 대중문화에 예민함.

35점 이상 – 과도한 대중문화화 상태임.

1. 오빠부대의 등장

청소년들 사이에서 인기 있는 스포츠는 농구이다. 텔레비전 연속극 중에서 농구선수들의 삶을 소재로 한 '마지막 승부'라는 것이 있었는데, 이 연속극 방영시간이 되면 거의 모든 청소년들이 텔레비전 앞에 모여서 심취했었다. 이 연속극은 몇몇 텔런트를 스타로 만들었고, 심지어 많은 청소년들이 그 주제가를 부르고 다녔다. 이 연속극이 방영되는 동안 동네마다 농구 붐이 일어났고, 청소년들의 방에는 유명한 농구선수 브로마이드 한 장씩은 걸려있는 꼴이 되어버렸다. 또한 청소년뿐만 아니라 초등학교 학생들도 모이면 농구경기를 하게 되었다. 뿐만 아니라 정책적으로도 이제는 길거리 농구대회를 개최할 정도가 되었다.

대학농구나 실업농구팀들의 경기가 벌어지면, 경기 시작 3, 4시간 전에 표가 매진되고 자리가 잡히고, 경기가 시작되면 저마다 응원하는 팀의 '오빠부대'가 되곤 한다. '오빠부대'는 농구 경기장에 몰려와서 열광적으로 응원하면서 자기가 좋아하는 농구선수의 건투를 비는 청소년들(대부분 여학생이지만)을 일컫는데, 농구 경기장의 관중석 80%가 이들로 채워진다고 한다. 오빠부대는 경기가 벌어지면 괴성을 지르고 머리를 흔들고 자기가 챙겨온 응원도구들을 가지고 거의 입신의 경지에 이르는 정도로 광란적인 응원을 한다. 슛이 터질 때마다 이들의 함성으로 경기장은 떠나갈 듯한다.

2. 오빠부대의 의식

오빠부대는 과연 누구이며 왜 그들은 열광하는가? 청소년들이 농구경기에 몰려들고 열광하는 현상에 대해 연구한 어떤 기자에 의하면 이들은 가수들이 노래를 부르는 콘서트에 몰려와서 열광하는 다소 해이해진 청소년들과는 다르다는 것이다. 이들은 건전한 학생들이고 공부도 잘하고 교우관계도 좋고 학교에서나 가정에서나 누가 보아도 정상적이고 모범적인 학생들이라는 것이다. 그러나 이들이 농구장에 들어가는 순간 그들은 열광한다는 것이다.

1) 젊음을 발산할 수 있는 곳

'오빠부대' 현상에 대해 어떤 기자가 쓴 기사를 보면, 그들이 학교에서 대하는 대부분의 선생님이 여성이고 집에서도 주로 대하는 것이 어머니이지 아버지와는 얼굴도 마주할 수 없는 상황에서, 남성을 그리워하는 현상이라는 것이다. 그러나 단순히 그 뿐만은 아니다. 경기장은 청소년 문화의 집대성이라는 것이다. 선수들의 박력있는 힘과 스피드는 바로 그들이 흠모하는 모든 것이 넘쳐 흐르는 곳이다.

청소년들은 이런 낭만과 힘과 스피드를 즐기고 싶은데 그런 청소년 문화를 즐길 만한 모든 곳은 퇴폐적인 곳이다. 그러나 농구 경기장은 공인된 장소이며 그 낭만과 힘과 스피드를 한꺼번에 집약적으로 즐길 수 있는 곳입니다. 농구 경기장은 그들의 젊음을 발산시킬 수 있는 '해방구'이자 '점령지'이기 때문이다. 그들이 궁극적으로 농구의 경기규칙이나 절묘한 스포츠의 묘기를 좋아해서 농구를 좋아하는 것이 아니다. 그들의 문화적 발산을 할 수 있는 곳, 위험하지 않으면서 안심하고 가서 청소년의 그 끓는 피를 발산할 수 있는 곳이기 때문이라 생각할 수 있다.

2) '슈퍼스타'를 그리고 있다는 것

숓 중에서 제일 인기가 있는 숓이 소위 '덩크 숓'이라는 것인데, 이것은 그 높은 골대를 아예 잡고 공을 집어넣는 숓이다. 이것은 초인적 힘을 발휘하는 그런 것과도 같다. 청소년들은 초인적인 힘을 가진 슈퍼스타를 꿈꾼다. 그런 초인적인 힘을 과시하는 슈퍼스타들로부터 자기의 스트레스를 해소시키며, 자기를 위로하는 것이다. 때로는 자신을 그런 슈퍼스타로 만들려는 허망한 생각을 가지기도 한다. 이것이 청소년들이 꿈꾸는 정신해방자 메시아관이 아닌가 생각한다.

3) 왜 '오빠'라고 부를까?

청소년들은 인간관계의 '친밀감'을 느끼고 싶어한다. 과거에는 농구선수나 영화배우는 스타이고 아주 만나기 어려운 머나먼 사람으로 여겼다. 그러나 그들이 좋아하는 연예인이나 선수들을 '오빠'라고 부르면서 그들과의 친밀감을 만끽하려는 마음이 청소년들에게 있다. 진정한 친구가 드물고 마음을 터놓을 수 있는 사이가 없는 생활 속에서 슈퍼스타를 자기의 오빠로 부르면서 가까이 하며 위로를 받는 것이다.

3. 어떻게 할 것인가?

'오빠부대'들이 농구장을 찾아가는 것, 거기에서 괴성을 지르고 열광하는 것 자체는 결코 문제가 아니다. 그들의 젊음을 발산하고 그들의 문화를 꽃피우는 그 해방구와 점령구가 그들에겐 반드시 필요하다. 문제는 그들이 닮고 싶고, 존경하고 싶고, 애정을 보이고 싶은 '슈퍼스타'가 필요한데, 이들에게 연예인이나 선수들이 슈퍼스타가 되고 있다는 점이다. 청소년들의 인격과 삶에 희망을 줄 수 있는 존재에 정치인도 없고 교육자도 없고 스승도, 부모도, 위대한 성인도 아닌 그 모든 존재들을 제치고 농구선수가 그들의 슈퍼스타가 되고 있다는 것이다. 우리의 관심은 과연 오늘에도 예수 그리스도가 그들의 슈퍼스타가 될 수 있을까 하는 점이다.

나아가서 청소년들이 집에서는 입을 다물고 침묵하여 전혀 친밀감(Intimacy)을 찾지 않다가도 아버지가 안 계신 곳, 어머니가 안 계신 곳, 동생과 언니가 없는 그곳에 가서 가장 큰 '친밀감'을 표시하고 있다는 사실이다. 우리 집에서 열광적으로 사랑할 오빠가 아니고, 다정하게 부를 수 있는 부모가 아니라는 사실은 안타까운 현실이다. 우리 청소년들이 마음놓고 찾아가고 안기며, 자기가 진정 친밀하다고 느낄 수 있는 대상이 정말 가까워야 할 주위에는 없고 농구장이나 콘서트 등으로 옮아가고 있는 현실에 가슴이 아프다. 진정 청소년들이 하나님을 슈퍼스타로, 내 아버지, 내 어머니를 슈퍼스타로 외칠 수 있는 역사가 일어나는 교회와 가정이 되도록 노력하여야 할 것이다.

특강 5
신앙인의 학습

우리는 왜 사는가?

우리는 왜 공부를 해야만 하는가?

우리에게 신앙은 왜 필요한가?

인생은 어디서 왔다가 어디로 가는 것인가?

어떻게 사는 것이 바르게 사는 것인가?

그러면 공부는 우리의 삶에 어떤 유익을 주는가?

1. 지식 획득의 요구

① 하나님께서 우리에게 요구하시고 계신다.
　— 호 4:6, 딤후 3:16, 벧후 1:5

② 근본적인 지식을 주시는 분은 하나님이시다.
　— 잠 1:7, 삼상 2:3

③ 인생의 목적을 달성하기 위해서 배워야 한다.

④ 하나님의 의를 이루기 위해서 배워야 한다.

* 신앙과 지식 획득을 잘못 이해한 결과

① 자기 중심의 욕구 불만의 삶을 산다. - 만족함이 없음

② 타인의 행복을 고려하지 않는다.

③ 욕구가 좌절될 때 스스로 패망한다. - 자살하는 우등생

＊ 지식의 획득은 하나님의 자녀에 대한 하나님의 명령이다. 잘 배우고 바르게 깨달아서 하나님의 나라와 의를 위해 살도록 하여야 할 것이다.

2. 학업 성취의 요인들

① 다음 그림에서 학업 성취 요인들의 관계를 생각해 보자.

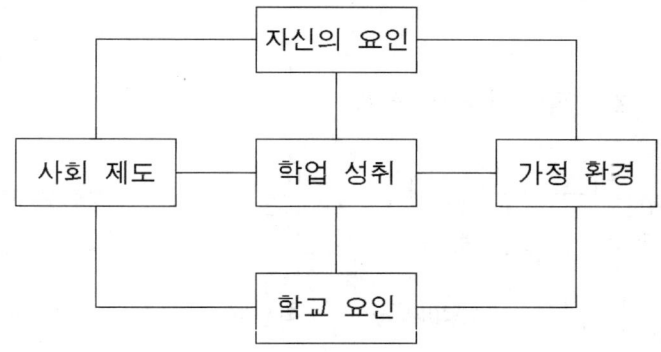

② 학업 성취 결여의 책임은 누구에게 있는가?
③ 학업 성취의 일반적인 공식은 무엇인가?

학업 성취는 어떤 요인들보다도 자신의 요인이 매우 중요한 것이다. 누구를 탓하기 전에 자신을 돌아보는 슬기로움이 우리에게는 필요한 것이다. 그러므로 학업 성취는 자신의 결함을 발견하여 스스로 극복할 수 있는 의지를 기르고, 자기 인생의 목적이 분명할 때에 최선의 노력을 다함으로써 이루어지는 것이다.

3. 기독 학생의 학습전략

① 학업의 목적 수립 - 인생의 목표가 무엇인가?
② 자신의 학업 성취의 결여 요인은 무엇인가?
③ 학습 부진의 원인진단과 효과적인 시간 관리의 계획은 무엇인가?

1) 효과적인 학습의 단계

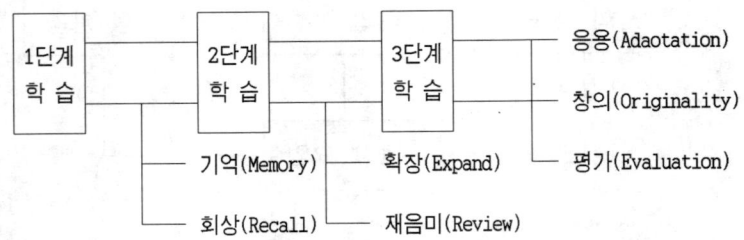

2) 효과적인 시간의 관리

① 자신의 학습 가능한 시간을 계산해 본다.
   — 하루 중 학습 가능한 시간
② 자신의 학습 능력을 계산해 본다. — 시간당 학습량의 조사
③ 학습 성취도가 부진한 과목을 점검한다.
④ 연중 학습계획 목표를 생각한다.
⑤ 월간 학습 목표를 계획한다.
⑥ 주간(일일) 학습 계획을 한다.

※ 부진 과목에 중점을 둔다.

※ 비중이 높은 과목에 우선적인 시간 계획을 한다.

※ 매일 성과를 점검한다.

학습태도 자기 진단표

	거의모두	대부분	보통	약간	거의없다
	5	4	3	2	1
1. 나는 지난 번 성적을 기억하고 있다.					
2. 나는 학과 진도가 어디인지 기어하고 있다.					
3. 나의 매일 생활은 규칙적이다.					
4. 나는 매일 복습을 하고 있다.					
5. 나는 매일 예습을 하고 있다.					
6. 나는 나의 학습 계획을 매일 세운다.					
7. 나는 환경에 구애받지 않고 공부할 수 있다.					
8. 나는 교과서를 처음 받으면 모조리 읽는 습관이 있다.					
9. 나는 새 영어 단어를 항상 정리하고 있다.					
10. 나는 수학공식 암기장을 만들어 외운다.					
11. 나는 한 과목을 다른 과목과 연관시켜 생각해 본다.					
12. 나는 책상 앞에 앉으면 충분한 학습을 한다.					
13. 나는 주위의 소음을 극복할 수 있다.					
14. 나는 학교에서의 공부가 가장 중요하다고 생각한다.					
15. 나는 시험공부가 걱정되지 않는다.					
16. 나는 지금 학교의 진도를 잘 따라가고 있다.					
17. 나는 예습할 때에 참고서를 반드시 참고한다.					
18. 나는 수업시간에 선생님의 설명을 똑똑히 듣는다.					
19. 나는 선생님의 강의가 마음에 둔다.					
20. 나는 성적표를 받으면 부모님께 반드시 보여 드린다.					

21. 나는 내가 예상한 대로 성적을 받는다.
22. 나는 시험 문제를 받으면 침착해진다.
23. 나는 나에게 맞는 공부방법을 이용하고 있다.
24. 나는 그날 계획한 것은 반드시 마친다.
25. 나는 시험을 치른 후 틀린 것이 몇 개인지 안다.
26. 나는 시험을 치른 후 정답확인을 스스로 할 수 있다.
27. 나는 노트 정리를 잘하고 있다.
28. 나는 공부하는 목표가 분명히 있다.
29. 나는 노력하는 만큼 성적을 얻는다고 믿는다.
30. 나는 내가 모르는 내용은 반드시 알고 넘어간다.
31. 나는 예습한 후에 반드시 요약하는 습관이 있다.
32. 나는 시험공부를 할 때 예상문제를 만들어 본다.
33. 나는 연간 학습계획을 세우고 있다.
34. 나는 나의 학습계획이 여유가 있다고 생각한다.
35. 나는 한 번 외운 것을 다시 반복하여 외운다.
36. 나는 국어, 영어, 수학은 매일 공부한다.
37. 나는 과목에 따라 시간을 할당하여 공부한다.
38. 나는 매일의 등굣길이 즐겁다.
39. 나는 성적표를 받으면 친구들과 비교하여 본다.
40. 나는 부모님이 나의 공부에 신경써 주심에 감사한다.
41. 나는 나의 학습 환경에 만족한다.
42. 잠자는 시간이 공부에 지장을 주지 않는다고 본다.
43. 나는 시험문제를 받으면 쉬운 것부터 풀어 나간다.
44. 나는 오답노트를 활용하고 있다.
45. 나는 내용을 이해하면서 암기한다.
46. 친구나 TV 등에 대하여 스스로 절제할 수 있다.
47. 나는 나의 학습부진 원인에 대하여 알고 있다.
48. 나는 장래의 진로에 맞추어 공부하고 있다.
49. 나는 지금의 건강이 학습에 무리가 되지 않는다.
50. 나는 반드시 필요한 존재가 되리라고 믿는다.

** 평가방법 **

1. "O"한 문항에 문항 점수를 곱하여 다음의 문항별 득점표에 기록한다.

2. 평가 : 8.5이상 / 양호, 8.5 - 6.8까지 / 보통, 6.8 이하 / 불량.

1. 학습계획	3	4	5	6	21	33	34	37	38					점수
2. 학습능력	1	2	11	15	16	25	26	38	47					점수
3. 학습환경	7	13	19	40	41	49								점수
4. 학습방법	8	9	10	17	23	27	31	32	35	36	43	44	45	점수
5. 학습태도	12	18	22	30	42									점수
6. 학습의지	14	20	24	28	29	38	46	50						점수

< 점 수 표 >

평가항목	문항수	득점	점수	평가
1. 학습계획	9		득점÷4.5	
2. 학습능력	9		득점÷4.5	
3. 학습환경	6		득점÷3	
4. 학습방법	13		득점÷6.5	
5. 학습태도	5		득점÷2.3	
6. 학습의지	8		득점÷4	
종 합	50		득점÷2.5	

학습환경 자가진단표

	매우 좋다	대부분	보통	약간	좋지 않다
	5	4	3	2	1
1. 학생들은 선생님께 자기 의견을 마음대로 말한다.					
2. 학생들은 진학하려고 모두들 열심히 공부한다.					
3. 학생들은 여간해서는 결석을 하지 않는다.					
4. 학생들은 선생님을 존경하며 잘 따른다.					
5. 학생들은 의견을 서로 존중한다.					
6. 학생들은 서로 이해하며 돕는다.					
7. 선생님은 우리를 귀여워하시며 열심히 가르치신다.					
8. 선생님은 성적이 나쁜 학생들을 자주 상담하신다.					
9. 선생님은 생활 태도가 나쁜 학생을 염려하시며 꾸중하신다.					
10. 선생님은 성적보다 바른 사람이 되라고 늘 말씀하신다.					
11. 학생들은 시키지 않아도 자기 일을 잘한다.					
12. 선생님과 우리들은 서로 자기 일을 잘한다.					
13. 나는 선생님이 싫어서 하기 싫은 과목은 없다.					
14. 나는 공부 시간에 옆 친구와 장난치는 일은 없다.					
15. 나는 선생님의 설명이 이해가 안되면 바로 질문한다.					
16. 나는 시험성적이 나빠서 꾸중을 들으면 반성하고 더욱 열심히 공부한다.					
17. 나는 주로 나보다 좋은 친구와 사귀고 있다.					
18. 우리 반 애들은 모두 믿음직하고 좋다.					
19. 우리 반 애들은 성적 외에는 크게 다투지 않는다.					
20. 나는 우리 반 속에 속한 것이 자랑스럽다.					

<1> 학교환경 평가득점	선택문항수					
	x 5, 4, 3, 2, 1					

	거의 모두	대부 분	보통	약간	거의 없다
	5	4	3	2	1
21. 나의 의견을 부모님이 존중해 주신다.					
22. 나의 요구는 거의 들어 주신다.					
23. 나의 공부방은 마음에 든다.					
24. 나의 생각과 부모님의 생각은 늘 같다.					
25. 나의 문제는 부모님과 대화로 풀어 나간다.					
26. 나의 학습계획을 부모님이나 형제들과 의논한다.					
29. 부모님은 나에게 일등이 아니라 최선을 다하라고 　　격려해 주신다.					
30. 부모님은 나의 건강과 성적에 관심이 많으신다.					
31. 부모님은 나의 생활습관에 많은 주의를 기울이신다.					
32. 우리 가정은 매우 행복하다고 느낀다.					
33. 우리 가정은 서로 이해하며 돕는 가정이다.					
34. 우리 가정은 나에게 평안을 주는 곳이다.					
35. 우리 식구들은 자기 일은 스스로 한다.					

<2> 가정환경 평가득점	선택문항수					
	x 5, 4, 3, 2, 1					

	거의 모두	대부 분	보통	약간	거의 없다
	5	4	3	2	1
36. 나는 내가 사는 동네에 정이 들었다.					
37. 나는 우리 사회가 필요로 하는 사람이 되고 싶다.					
38. 나는 현행의 입시제도가 좋다고 생각한다.					
39. 나는 열심히 일하면 잘 사는 것이 우리 사회라고 생각한다.					
40. 나는 선의의 경쟁은 사회발전에 반드시 필요하다고 생각한다.					

<3> 사회환경 평가득점	선택문항수				
	x 5, 4, 3, 2, 1				

1. 평가 : 100-85 / 양호, 85-66 / 보통, 66이하 / 불량.
2. 득점은 각 환경별(학교, 가정, 사회환경)로 선택한 문항 개수에 5, 4, 3, 2, 1을 곱한 수를 합하면 됩니다.
3. 환경별 점수는 환경점수 난에 표시된 대로 계산하면 됩니다.

환경구분	득 점		환 경 점 수		평 가
1. 학교환경	1-20번까지		4. 득점 x 1		
2. 가정환경	21-35번까지		5. 득점 x ¾		
3. 사회환경	36-40번까지		6. 득점 x 4		
종합점수	1-40번까지		(4+5+6)÷3		

· 10 장 ·

캠프 성경공부 자료

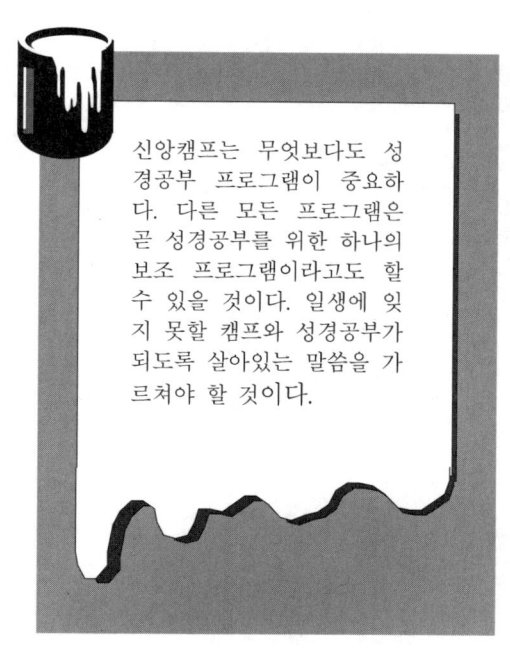

신앙캠프는 무엇보다도 성
경공부 프로그램이 중요하
다. 다른 모든 프로그램은
곧 성경공부를 위한 하나의
보조 프로그램이라고도 할
수 있을 것이다. 일생에 잊
지 못할 캠프와 성경공부가
되도록 살아있는 말씀을 가
르쳐야 할 것이다.

막힌 담을 허물자

본문 : 에베소서 2:14-18

글로리아 에반즈의 유명한 글 「담」에 이런 글이 있다.

"내가 울기 시작한 것은 나의 발 앞에 아름다운 꽃 한송이가 떨어지던 바로 그 날부터였습니다. 도대체 누가 이 꽃을 던져 주었는지 보고 싶어 담 위로 올라 갔습니다. 그러나 막상 담 위에 올라가 보니 아무도 보이질 않더군요. 나는 꽃이 있는 곳으로 돌아와 그 꽃의 아름다움을 바라보면서 오랫동안 앉아 있었습니다. 드디어 나는 어리석고 추한 나의 담 모습을 발견하게 되었습니다.

나는 무릎 꿇고 얼마나 울었는지 모릅니다. '아, 그 동안 나는 얼마나 외로웠던가! 나의 담은 너무 높았고 모순 투성이었으며 보기에도 무척이나 흉했었구나! 모든 것이 참으로 허무하기 이를 데 없구나. 남은 것이라고는 아무 것도 없지 않는가? 제발 누가 날 도와 주면 좋으련만….'"

1. 내 속의 막힌 담을 허물어야 한다.

(1) 갈등의 담 - <롬 7:19-24>

(2) 편견의 담 - <눅 23:13-25>

(3) 자만심의 담 - <딤전 6:4, 약 4:6, 빌 3:12-14>

(4) 열등감의 담 - <삼상 18:9 / 사울의 열등감>

2. 내 이웃의 막힌 담을 허물어야 한다.

(1) 오해의 담 - <딤전 3:3>
(2) 사랑하지 않음 - <요일 4:7-11>
(3) 희생하지 않음 - <요 12:24-25, 요일 3:14-16>
(4) 화평하지 않음 - <마 5:22-24>

3. 하나님과의 막힌 담을 허물어야 한다.

(1) 불신의 담 - 바벨탑을 허물어야 한다.
(2) 불순종의 담 - 요나와 같이 하나님을 거역하는 불순종이
　　　　　　　 있다면 버려야 한다.

♣ 한 사람씩 일어나서 자신의 허물을 고백한다.

1) 자기 중심의 삶을 버려야 한다. - <눅 15:11-32>
　 - 탕자는 자기 중심적인 삶을 위하여 아버지를 떠났다.
2) 자신을 부인하고 그리스도를 따라야 새롭게 변화되는 것이다.
　 - <마 16:24> "아무든지 나를 따라 오려거든 자기를 부인
　　 하고 자기 십자가를 지고 나를 쫓을 것이니라"
3) 그리스도로 옷 입어야 새롭게 변화된다. - <욥 29:14>
　　 "내가 의로 옷을 삼아 입었으며 나의 공의는 도포와 면류
　　 관 같았었느니라"
　 - <갈 3:27> "누구든지 그리스도와 합하여 세례를 받
은 자는 그리스도로 옷입었느니라"

♧ **한 사람씩 일어나서 자기의 결심을 발표한다.**

1) <갈 2:20> "내가 그리스도와 함께 십자가에 못박혔나니 그런즉 이제는 내가 산 것이 아니요 오직 내 안에 그리스도께서 사신 것이라 이제 내가 육체 가운데 사는 것은 나를 사랑하사 나를 위하여 자기 몸을 버리신 하나님의 아들을 믿는 믿음 안에서 사는 것이라"

2) <빌 1:20-21> "나의 간절한 기대와 소망을 따라 아무 일에든지 부끄럽지 아니하고 오직 전과 같이 이제도 온전히 담대하여 살든지 죽든지 내 몸에서 그리스도가 존귀히 되게 하려 하나니 이는 내게 사는 것이 그리스도니 죽는 것도 유익함이니라"

3) <롬 14:8> "우리가 살아도 주를 위하여 살고 죽어도 주를 위하여 죽나니 그러므로 사나 죽으나 우리가 주의 것이로다"

결 론 : <고후 5:17> "그런즉 누구든지 그리스도 안에 있으면 새로운 피조물이라 이전 것은 지나갔으니 보라 새것이 되었도다"

성경연구 2
세월을 아껴 주님께 충성하라

본문 : 에베소서 5:14-21

♣ 인사 나누기 - 진실한 마음으로 : Skinship Training

1. 내가 남에게 줄 수 있는 것은 무엇인가?
2. 내가 남을 즐겁게 해줄 수 있는 방법은 무엇인가?
3. 주님이 나에게 요구하시는 것은 무엇인가?

1. 깨어 있으라.

(1) 전도서 3:1-8을 보면 모든 만물에는 때가 있다고 했다.
(2) 청년의 때는 여호와를 알 때이다(전 12:1).
(3) 지금은 어느 때인가?
  ① 눅 17:28 / 롯의 때 - 육체적 쾌락을 추구하는 시대
  ② 딤후 3:1-5 / 고통의 때
  ③ 요 9:4 / 일할 때
  ④ 고후 6:2 / 은혜받을 때

2. 주의하라.

(1) 삼가라, 조심하라, 하나님과 인간의 일을 분별하라.

(2) 마 16:6,11 / 바리새인과 사두개인의 누룩을 조심하라.

(3) 히 3:13 / 죄의 유혹을 조심하라.

(4) 고전 10:12 / 선 줄로 생각하면 넘어질까 조심하라.

(5) 갈 5:15 / 서로 물고 먹으면 멸망할까 조심하라.

3. 세월을 아끼라.

(1) 아끼는 것은 선택의 조건이다.
　① 재물 - 바쳐라 - 채워주시리라 = 축복의 조건이다.
　② 생명 - 버려라 - 얻으리라 = 영생의 조건이다.
　③ 시간 - 아껴라 - 선행에 투자하라 = 상벌의 조건이다.
　* 그 결과에는 심판이 있다(전 11:9)
(2) 세월을 아껴 충성해야 한다.
　① 때가 악하기 때문이다.
　② 주님이 오실 때가 가깝기 때문이다.
　③ 주님이 충성을 요구하고 계시기 때문이다.
　④ 상급이 우리에게 있기 때문이다.

4. 이해해야 한다.

　하나님이 요구하시는 것, 주의 뜻을 이해해야 한다.
(1) 마 18:14 / 어린양을 찾는것 ; 전도
(2) 막 3:35 / 예수님과 형제 자매가 되는 것
(3) 눅 10:21 / 복음전파
(4) 요 4:34 / 말씀을 이루는 것

(5) 살전 4:3 / 거룩하게 구별되는 것

(6) 살전 5:16-18 / 항상 끼뻐하라, 기도하며 감사하는 생활.

결론

1. 술 취하지 말아야 한다. - 방탕=세상에 취함 / 탕자(눅 15장)
2. 성령 충만을 받아야 한다. - 은혜 = 영적인 취함(행 2장, 삼
   상 1:13-14)
3. 달란트를 찾아야 한다.
   (1) 우리의 달란트는 무엇인가?
   (2) 우리의 달란트를 얼마나 남길 것인가?
4. 기쁨으로 예배해야 한다. - 축복(요 4:23-24)
5. 성령의 열매를 맺어야 한다(갈 5:22-23).

♧ 결심하기 - 성령의 열매를 맺으라.

성경연구 3
변화받은 인격 – 구원의 확신
본문 : 로마서12:2

1. 하늘나라의 주인공은 누구인가?

믿음 좋은 사람, 구원받은 사람, 착한 사람, 하나님의 말씀대로 사는 사람, 성령을 받은 사람 = 변화받은 사람.

1) 선의 기준은 무엇인가?
- 막 6:25 - 마음에 쌓여 있는 것으로부터 선 또는 악이 나온 다고 했다.
- 일반적인 선과 기독교의 선의 차이점은 무엇인가?
- 일반적인 선 - 그 기준이 인간행동의 결과로 판단된다.
　　　　　　　 - 그 기준은 도덕과 윤리와 관습과 법 등이다.
- 기독교의 선 - 하나님의 말씀에 의하여 판단된다.

2) 인간의 선의 변화과정
- 창조시 - 하나님이 보시기에 매우 좋았더라(선한 창조물)
- 범죄시 - 선한 형상을 상실함
- 회복시 - 그리스도의 십자가로 말미암아 구속함을 받아 칭 의(稱義), 곧 의롭다 하심을 입음(그리스도의 선)

인간이 변화를 받아 새로운 피조물로써 구원받은 하나님의 백성이 되는 것은 하나님의 말씀을 지켜 행함으로써만이 가능하다. 과연 인간은 하나님의 말씀을 모두 지켜 행할 수 있는가?

→ 결코 할 수 없다. 인간의 노력으로는 불가능하다.

변화를 받는 것과 변하는 것은 질적으로 다르다.

변화를 받는 것은 수동태로써, 어떤 매개체에 의하여 변화되어지는 것을 말하며, 변하는 것은 능동태로써 자신이 변화를 일으키는 것을 의미한다.

그리스도인으로, 새사람으로의 변화는 능동이 아니라 수동적인 변화를 의미한다. 곧 성령의 역사로 변화되어지는 것이다.

3) 변화의 과정은 어떻게 이루어지는가?

· 금이 99%의 순도를 가진 순금이 되기까지의 과정은 어떠한가?

· 한 자루의 도끼가 만들어지기까지의 과정은 어떠한가?

· 한 알의 밀이 빵이 되기까지의 과정은 어떠한가?

에베소서 2:8-10 / "너희가 그 은혜를 인하여 믿음으로 말미암아 구원을 얻었나니 이것이 너희에게서 난 것이 아니요 하나님의 선물이라"(엡 2:8-10)

여기에서 네 가지 단어가 나오는데, 은혜, 믿음, 구원, 선물이 바로 그것이다. 그리고 초점은 구원에 맞추어지는데, 구원은 그리스도를 믿음으로, 하나님의 은혜로 값없이 주어지는 선물이다.

구원은 나의 노력과는 상관없이 주어지는 하나님의 은혜이다. 이것이 기독교의 특징이다. 다른 종교는 아래로부터의 간구에 의하여 이루어지는 것이라고 보는데, 기독교는 위로부터 오는 은혜이다.

· 구원을 향한 변화의 과정은,
　　1단계 : 준비단계 ; 소명
　　2단계 : 변화단계 ; 회심
　　3단계 : 진행과정 ; 믿음
　　4단계 : 결과 ; 변화 - 성령의 열매

· 눅 19:1-10 / 삭개오의 변화과정
　　1단계 : 예수님을 보기 원함 - 마음에 성령이 오셔서 부르심 = 소명
　　2단계 : 나무위로 올라감 - 교회를 향하는 걸음. 교회 = 천국 = 회심
　　3단계 : 그리스도를 영접함 - 믿음
　　4단계 : 행위의 변화가 나타남. - 변화

4) 천국은 몇 점 이상이어야 들어갈 수 있는가?

「구원의 커트라인」이란 책을 어느 목사님이 쓰셨는게, 과연 구원에도 커트라인이 있는가? 믿음에 점수가 있다면 당신은 몇 점이나 될 것인가?

"아버지의 온전하심과 같이 너희도 온전하라"(마 5:48)고 예수님은 말씀하셨다. 온전하다는 것은 곧 100점을 의미한다. 천국에 들어가려면 100점을 받아야 하는데, 100점을 받는 방법은?

HINT : 찬송가 184장 - 예수의 피밖에 없네

2. 어떻게 구원의 확신을 가질 수 있나?

1) 믿음의 종류
"내 형제들아 만일 사람이 믿음이 있노라 하고 행함이 없으면 무슨 이익이 있으리요 그 믿음이 능히 자기를 구원하겠느냐"(약 2:14)

(1) 구원의 믿음(saving faith)
"영접하는 자, 곧 그 이름을 믿는 자들에게는 하나님의 자녀가 되는 권세를 주셨으니"(요 1:12) 믿음으로, 입으로 시인하므로, 받아들이므로(receive).

(2) 생활의 믿음(living faith)
생활 속에 행위로 나타나는 신앙.

2) 어떻게 구원받은 것을 알 수 있는가?
(1) 하나님의 말씀을 통하여 - 아는 믿음 ; 문자적으로, 지식적으로, 들음으로.
"내가 진실로 진실로 너희에게 이르노니 내 말을 듣고 또 나 보내신 이를 믿는 자는 영생을 얻었고 심판에 이르지 아니하나니 사망에서 생명으로 옮겼느니라"(요 5:24).
"내가 하나님의 아들의 이름을 믿는 너희에게 이것을 쓴 것은 너희로 하여금 너희에게 영생이 있음을 알게 하려 하심이라"(요일 5:13)

(2) 내 마음속에서 구원을 얻었다고 고백함으로 - 입으로.

"하나님의 아들을 믿는 자는 자기 안에 증거가 있고 하나님을 믿지 아니하는 자는 하나님을 거짓말하는 자로 만드나니 이는 하나님께서 그 아들에 관하여 증거하신 증거를 믿지 아니하였음이니라"(요일 5:10)

(3) 행위의 변화가 나타난다. - 행위의 믿음 ; 행위로.

"우리가 하나님을 사랑하고 그의 계명을 지킬 때에 이로써 우리가 하나님의 자녀 사랑하는 줄을 아느니라"(요일 5:23)

"너희가 그의 의로우신 줄을 알면 의를 행하는 자마다 그에게서 난 줄을 알리라"(요일 2:29)

3. 변화되기 위해서는 무엇이 어떻게 되어야 하는가?

좋은 나무에서 좋은 열매가 나고 나쁜 나무에서 나쁜 열매가 난다(눅 6:43).

생베 조각은 새 옷에, 새 포도주는 새 부대에(막 2:21-22).

1) 무엇을

누룩을 피하라 - 누룩의 역할은 무엇인가?

세월을 아끼라(Making the most of the time!)

술 취하지 말라(Do not get drunk with wine!)

이 세상을 본받지 말라(Do not be conformed to this world!)

2) 어떻게

빛과 소금의 직분을 다하고,

성령의 열매를 많이 맺고,

먹든지, 마시든지, 살든지, 죽든지 오로지 그리스도와 함께
하라.
그리스도의 제자답게 살아라.

이 시대를 사는 지혜 _ 종말신앙

본문 : 마태복음 24:42-43

1. 종말(終末, Eschatology)의 의미

미가서 4:1 / the last days - 말일

베드로전서 1:20 / the last time - 마지막 때

요한일서 2:18 / the last hour - 말세

1) 구약의 구분

this age	and	the comming age
-------		-----------------
당대		오는 세대

구약에서는 그리스도가 탄생하는 것을 마지막으로 기대하고 있었다(행 1:6).

2) 신약에서의 구분

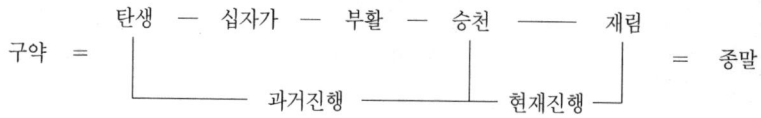

말세의 시작 ———————	말세의 진행 ———————	말세의 종결
탄생	재림	심판
벧전 1:20	벧후 3:10	마 16:27
요일 2:18	히 2:5	롬 2:16
	엡 1:21	
	마 24:14, 27	

3) 현대는? - 종말의 진행시대

2. 말세의 징조와 우리들의 삶

지금 우리들의 삶 속에서 어떤 변화가 일어나고 있는가?
우리 청소년들에게는 현재 어떤 문화가 형성되고 있는가?

잉태한 여자가 해산하는 고통의 때와 같다(살전 5:3).

* 임신에서 출산의 과정
   모른다 - 안다 - 변화되다 - 남도 안다 - 고통 - 해산
* 타락의 과정

창 3:1-7 / 최초의 범죄 =   보고,   따고,   먹음
                        ─────   ─────   ────
                        시·청각   촉각   미각

1) 사회적인 징조

(1) 죄악이 관영해진다(마 24:37-38)

(2) 전쟁이 많이 일어난다(마 24:6-7)

(3) 지진이 많이 발생한다(마 24:7)

(4) 성도들이 환난과 미혹을 받는다(마 24:9-10)

(5) 불법이 성하고 사랑이 식어진다(마 24:12)

① 부도덕 - 자녀가 부모 구타, 살인

② 정치적 타락

③ 미혼모 증가

④ 이혼의 증가

(4) 불치병이 많이 생긴다. - 에이즈 등

2) 경제적인 징조

(1) 기근

(2) 불공평한 저울

(3) 물가폭등

(4) 배급제도

(5) 빈부격차

(6) 향락과 사치

(7) 자원고갈

3) 종교적인 징조

(1) 진리의 변질과 말씀 거부

(2) 교회의 타락과 분열

(3) 성직자의 타락

    (4) 적그리스도의 출현

    (5) 복음이 급히 전파됨

4) 문화적 징조

    많은 사람이 빠리 왕래하며 지식이 더하리라(단 12:4).

    (1) 교통수단이 발달

    (2) 통신수단이 발달

    (3) 과학문명이 발달

※ New Age Movement의 영향

1) 목표

    (1) 인간을 신격화하여 인간들이 스스로 새로운 이상국가를 건설한다.

    (2) 적그리스도의 출현을 기대하는 기반을 조성한다.

    (3) 각종 문화활동을 통하여 사단숭배 사상을 보급한다.

2) 신조

    (1) 새로운 세계가 온다.

      - 우주의 운동에 의해서 새시대가 된다.

      - 기독교는 종말론으로 표현된다.

    * 물병자리 이야기 - Marily Farguson의 "물병자리 음모"(the Aquarian Conspiracy, 1980)에서, 세계는 물고기 자리에서 물병자리로 옮겨가고 있다고 하였다. 이것은 점성술(astrology)에서 말하는 12궁도가 있는데, 산양-인마-전갈-천칭-처녀-사자-큰 게-쌍둥

이-황소-백양-물고기-물병자리로 옮겨 간다는 것이다.

욥기 38:32에 "열두 궁성"(the Twelve Signs)이 나오는데, 이것을 희랍어로 Zodiakos(궤도; circle)라고 한다. Zodiac은 태양이 12개월에 걸쳐서 이동하는 길을 의미한다.

(2) 만물은 하나이다. - 만물은 본질적으로 하나이다.
　　 - 기독교는 다양성이며, 창조의 모양도 개별적이다.
(3) 만물은 신이다. - 범신론 ; 신이 만물 안에 있다.
　　 - 기독교는 만물이 신 안에 있다.
(4) 인간은 신이다.
(5) 의식은 변한다.
　　 - 절대적인 것은 없다. 자기구원은 자기가 이루며, 자신만이 존재한다.
　　 - 기독교는 문제는 인간에게 있으며, 해답은 하나님께 있다.
(6) 모든 종교는 하나다.

* 이 운동은 종교연합, 세계연합정부, 만물합일설로 절충식 혼합종교요, 혼합주의 사상이다.
따라서 인본주의, 불안한 세계에서의 도피, 인류와 세계의 미래를 향한 새로운 창조를 강요한다.

"입에서 나오는 것들은 마음에서 나오나니, 이것이야말로 사람을 더럽게 하느니라"(마 15:19)
"너희가 사람의 미혹을 받지 않도록 주의하라"(마 24:4)

3) 사상
(1) 범신론 사상 - 모든 것이 신이다.

(2) 인도사상 - 명상과 초월세계

(3) 천도교사상 - 인내천(人乃天) ; 사람이 곧 하늘이다.

(4) 최면술과 강신술

(5) 마약문화와 쾌락주의 - 환상주의

4) 음악을 통한 사단의 침투

ROCK & ROLL - 혼전성교를 묘사하는 빈민가의 은어 ; "굴
러 다니며 성교를 한다"는 뜻.

HEAVY METAL - 시끄러운 음악 속에 정서를 해치고 감각
기능을 자극한다.

(1) KISS GROUP - Kids In Satans Service(사단의 기사들)

(2) AC/DC GROUP - Anti Christ / Devil's Children ; SEX,
피, 지옥을 찬양

(3) 듀란듀란 - 기계를 이용해서 여자들을 괴롭힌다는 의미

(4) 비틀즈 - Back Ward Masking을 시도; 사단숭배 메시지를
전달하는 방식

음악 속에 담긴 메시지가 인간의 무의식 속에 잠재되어 행동
의 변화를 유도한다. - 태교

* 시와 찬미와 신령한 노래를 해야함(엡 5:19).

5) 영상매체(VIDEO & COMPUTER)를 통한 침투

(1) 만화영화 - 마스크 맨, 몬스터 가족, 닌자 거북이, 드래곤
볼 등.

(2) 영화 - 백 투 더 퓨쳐, E.T, 천년유혼, 강시, 엑소시스터,

　　　　　사랑과 영혼, 인디아나 존스, 미녀와 야수 등등.
　(3) 컴퓨터를 통한 청소년 유해 영상매체의 영향.

3. 잘못된 종말론 사상

1) 세대주의의 사관
　세대주의는 세계의 역사를 6단계로 구분하고, 각 단계를 천 년씩으로 본다. 따라서 6단계가 끝나는 2,000년에는 지구의 종말이라고 보는 것이다.
　첫째, 무죄시대 / 창 1:28-3:6 - B.C. 4,000년
　둘째, 양심시대 / 창 4:1-8:14 - B.C. 3,000년
　셋째, 시민정부시대 / 창 8:15-11:9 - B.C. 2,000년
　넷째, 족장시대 / 창 11:10-출 18:27 - B.C. 1,000년
　다섯째, 율법시대 / 출 19:1-행 1:26 - A.D. 1,000년
　여섯째, 은혜시대 / 행 2:1-계 19:21 - A.D. 2,000년

2) 시한부 종말론
　시한부 종말론은 펄시 콜레라는 사람이 1986년에 "내가 본 천국"이라는 책을 통하여 1992년에 예수가 재림한다고 주장했다. 이것이 이장림에 의하여 구체화되어 1992년 10월에 예수가 재림한다고 하여 많은 사람들이 피해를 보았다. 그러나 그는 1992년부터 7년 대환란이 시작되어 1999년에는 정말 재림이 있다고 변명하였다.

　그러나 우리가 주의해야 할 것은,

첫째, 재림의 시기는 아무도 모른다. 인간의 계산에 의하여는 절대 알 수 없는 사건이다.

둘째, 성경의 말씀보다 자신이 받은 계시를 더 중하게 생각하고 의존한다.

셋째, 재림에 대한 기대가 너무 커서 다른 말에는 귀기울이지 않는다.

결론 : 말세를 사는 자의 지혜

1. 마 24:4 / 사람의 미혹을 받지 않도록 주의해야 한다.
2. 마 24:13 / 끝까지 견디어야 한다.
3. 마 24:20,42 / 기도하며 깨어 있어야 한다.
4. 마 25장 / 준비하는 자세가 되어야 한다.

*

BIG 캠프 수련회

*

초판 1쇄 ― 2001년 6월 20일

*

지은이 ― 윤 정 한
펴낸이 ― 이 규 종
펴낸곳 ― 엘맨출판사

*

서울시 마포구 합정동 433-62
출판등록 ― 제10-1562호(1985. 10. 29.)

*

TEL. : (02) 323-4060
FAX. : (02) 323-6416
e-mail : elman1985@hanmai.net

*

잘못된 책은 바꾸어 드립니다.

*

값 7,500원